Für
Ella Johanna Döringer
«dirty.finger»

Ef♥

Satz und Layout, Titelgestaltung:
eretier | grafische gestaltung
www.eretier.de

Herstellung und Verlag
BoD-Books on Demand, Norderstedt
ISBN 978-3-751989-76-3

Bibliographische Informationen
der Deutschen Nationalbibliothek
www.dnb.de

Heide-Renate Döringer

Emily Mickey Hahn

1905-1997

Abenteurerin – Pionierin – Weltbürgerin

Oberursel 2020

«Wenn man es recht bedenkt,
dann gibt es ziemlich viel über mich zu erfahren,
falls sich jemand die Mühe macht.»

Emily Hahn

Ich habe mir die Mühe gemacht,
und es hat mir große Freude bereitet.

Heide-Renate Döringer

Vorwort

Die Amerikanerin Emily Hahn (1905-1997) war eine faszinierende Frau, eine furchtlose Abenteuerin, eine Weltbürgerin und die Autorin von 52 Büchern und 180 Beiträgen für das Magazin The New Yorker. Ihr literarisches Werk umfasst Novellen, Kurzgeschichten, persönliche Essays, Reportagen, Gedichte, Biografien, Kochbücher, Kinderbücher, Reiseberichte und vier autobiografische Narrative China to Me (1944); Hong Kong Holiday (1946); England to Me (1949) und Kissing Cousins (1958).

Mehrere Aspekte inspirierten mich, dieses Buch zu schreiben. Da ist zum einen Shanghai, eine Stadt, die ich mehrfach besuchte, und die mich fasziniert. – Heute ist Shanghai eine moderne chinesische Metropole, die sich nur gering von anderen Großstädten Chinas unterscheidet. Aber immer noch ruft der Name «Shanghai» Erinnerungen wach an die 1930er Jahre, an den kosmopolitischen Freihafen, an das legendäre «Paris des Ostens». Emily Hahn, die Protagonistin des Buches, lebte hier während dieser denkwürdigen Zeit und hat ausführlich darüber berichtet; ich folgte ihren Spuren. Diese führten mich dann von Shanghai über Chongqing weiter nach Hongkong, in die ehemalige britische Kronkolonie. Dort entstand im japanisch-chinesischen Krieg 1941 auf der Halbinsel Stanley das japanische Gefangenenlager. Bei meinen häufigen Besuchen im heutigen noblen Ort Stanley wurde irgendwann einmal erwähnt, dass eine amerikanische Frau damals einen japanischen Offizier geohrfeigt habe. Das war ein so unerhörter Vorgang, dass ich darüber mehr wissen wollte. Meine Nachforschungen ergaben: Diese tollkühne Frau war Emily Hahn!

So begann ich eine höchst interessante Reise mit Mickey Hahn. Dabei habe ich mich hauptsächlich auf ihre Zeit in China konzentriert, auf Orte, die ich kenne und an die ich mich beim Recherchieren und Schreiben zurückversetzen konnte.

Inhalt

Leben in St Louis / Missouri
1905-1920

«Wenn die Welt blauäugige Prinzessinnen
mit Löckchen wollte,
dann musste sie Helen nehmen.
Ich hatte WEBSTER.»[1]

Emily Hahn

Portrait der Familie Hahn 1915
1. Reihe von links nach rechts: Dauphine, Emily, Helen, Dorothy
2. Reihe: Rose, Isaac, Hannah Schoen, Emmanuel

Die Familie Hahn

Emily Hahn wird am 14. Januar 1905, einem sehr kalten Wintertag, in St. Louis Missouri/USA geboren. Sie ist das siebte von acht Kindern der Familie Hahn. Von den sechs Kindern, welche die ersten Jahre überleben, ist Mannel nicht nur das älteste, sondern auch der einzige Junge. Der Großvater, Isaac Hahn, Sohn eines deutschen Juden, der als Hausierer den Lebensunterhalt für seine Familie verdiente, ist auf Grund schwieriger Arbeitsbedingungen früh verstorben.

Emilys Vater, Isaac Hahn Jr., zeigt sich geschäftlich erfolgreich und bringt es zum Vizepräsidenten einer Lebensmittelfirma. Sein gutes Einkommen erlaubt es ihm, seiner Familie ein gepflegtes Zuhause in guter Wohngegend der Stadt St. Louis zu bieten. Isaac ist überzeugter Atheist und liebt es, als Abendunterhaltung die Bibel auf logische Ungereimtheiten zu untersuchen. – Emilys Mutter, eine geborene Hannah Schoen, stammt von konservativen Juden aus Bayern ab. Ihre Eltern bestanden darauf, dass Hannah als älteste Tochter zu Hause blieb, während die Söhne studieren durften. Innerlich revoltiert Hannah gegen diese Zwangsmaßnahme und wird eine frühe Verfechterin der Gleichberechtigung. Als junge Frau versetzt sie ihre Nachbarschaft in Erstaunen, weil sie Hosen trägt und mit dem Fahrrad ins Büro fährt, wo sie als Stenotypistin arbeitet.

Von früher Kindheit an wissen Hannahs Töchter, die Mädchen Rose, Dorothy (Dot), Helen, Emily (Mickey)[2] und die jüngste, Josephine (Dauphine), dass ihre Mutter sie bei der Verwirklichung ihrer Vorhaben unterstützen wird. Hannah ist entzückt, als ihre beiden jüngsten Mädchen in Hosen zur Schule gehen und ein Foto von ihnen in der St. Louis Post Dispatch erscheint. Die Unterschrift lautet *Unsittliche Kleidung.*

Mickey, die Leseratte

Das Leben im Hause Hahn ist lebhaft und kultiviert. Auf den Bücheregalen befinden sich unter anderen die Werke von Charles Dickens, Victor Hugo und Ruyard Kipling. Bei Einladungen unterhält die dunkelgelockte Helen die Gäste mit Klavierspiel, die rothaarige Dot spielt Violine, Mannel lässt die Klarinette erklingen, und der Vater singt lauthals.

Mickey findet es schwer, für sich selbst eine Nische zu finden. Sie fühlt sich plump, linkisch und ungeliebt. Da ihr Vater Dot bewundert und ihre Mutter Helen zur Familienschönheit erklärt hat, gibt Mickey es früh auf, um die Gunst der Eltern zu buhlen. Da hält sie sich lieber an ihre Bücher. In einem Artikel für den *New Yorker* schreibt sie später:

«Es war diese Masse an Mädchen, die mich runter drückte. Wenn die Welt blauäugige Prinzessinnen mit Löckchen wollte, dann musste sie Helen nehmen. Ich hatte WEBSTER.»

Sie bezieht sich dabei auf das dicke Nachschlagewerk, das immer offen auf dem Lesepult im Wohnzimmer liegt. Mit ihm befriedigt sie ihre Leselust.

Die deutschstämmige Mutter Hannah ist der Ansicht, dass Kinder im Freien an der frischen Luft spielen sollen. Mickey ist aber daran nicht viel gelegen. Sie sucht sich Bücher aus den Regalen und verbirgt sich mit ihren Schätzen in einer Astgabel, geschützt durch ein dichtes Blätterdach.

Chicago und die Studienzeit
1920-1926

«Der Wind vom See war niemals so wie normale Luft.
Er hatte einen köstlichen fremden Geruch.
Aber das Beste am See war, dass man nicht
auf die andere Seite schauen konnte.»[1]

Emily Hahn

Neues Leben in Chicago

Im Jahre 1920 eröffnet die Firma, bei der Isaac Hahn angestellt ist, ein Warenhaus in Chicago, der Hauptstadt des Staates Illinois. Für dieses Haus bietet man Mickeys Vater die Stelle als Manager an. Eine solche berufliche Chance kann der ehrgeizige Mann nicht ausschlagen, und so verkauft die Familie Hahn ihr Haus in St. Louis und zieht nach Chicago. Der Umzug trifft Mickey schwer. Gerade hat sie sich zu Hause wohlgefühlt, denn nun sind sie, fünfzehnjährig, und ihre zwei Jahre jüngere Schwester Dauphine die einzigen Kinder dort und beide stehen nicht mehr im Schatten der älteren Geschwister.

Chicago ist zu dieser Zeit eine quirlige aufstrebende Metropole mit 2,7 Millionen Einwohnern – ungefähr viermal so groß wie St. Louis. Die Stadt erscheint Mickey furchterregend riesig, laut, schmutzig, gefährlich und angsteinflößend. Nur den Michigan See liebt Mickey, und sie fährt, so oft es ihr möglich ist, mit einem der Doppeldeckerbusse am Ufer entlang, betrachtet die Frachter und Passagierboote und träumt dabei von fernen Abenteuern.

Beide Mädchen, Mickey und Dauphine, werden in die Nicholas Senn Highschool eingeschult. Während Dot schnell Anschluss findet, ist Mickey immer nur wütend und zankt sich oft mit Mutter Hannah. Da beschließt sie eines Tages, ihr Leben selbst in die Hand zu nehmen. Sie überlegt: *Ich werde die Familie verlassen, mir ein Zimmer nehmen und einen Job suchen, vielleicht sogar einem Zirkus beitreten.* Am frühen Morgen leert sie ihre Sparbüchse und fragt in der Schule die Freundin Betsy Cummings, ob sie bei ihr übernachten könne. Betsy ist einverstanden und Mickey genießt die Abwechslung: eine neue Wohnung, eine berufstätige Mutter, ein Freund Bettys, der zum Tanzen eingeladen wird, ein Bad im See am frühen Morgen, Frühstück mit Eiern und Speck – und dann ruft Hannah an. Sie verrät nicht, dass ihre Tochter unerlaubt übernachtet hat. Zu Mickey sagt sie: «*Ich hoffe, du bist zufrieden. Du kommst nach Hause. Sofort!*»[2] Und Mickey erklärt, dass sie ihrer Mutter helfen müsse, packt ihre Sachen, bedankt sich und geht.

Nach dem Besuch bei der Freundin und dem morgendlichen Bad im See, beginnt sich Mickeys Einstellung zu Chicago zu ändern. Sie arbeitet mit am Schulmagazin und schreibt in ihrer Freizeit, aber konkrete Pläne für die Zukunft hat sie noch nicht. Was Mickey nur unbewusst wahrnimmt, ist die Weltoffenheit dieser Stadt in Vergleich zu St. Louis. Sozialökonomische Kräfte führen hier bereits zu einer Bewegung gegen die Diskriminierung von Schwarzen und fordern die Gleichberechtigung der Frauen. Gleichzeitig beginnt in Chicago die große Zeit der *Flapper*. *Flapper* sind Frauen, die in der Öffentlichkeit rauchen, Alkohol trinken, Lippenstift und Rouge benutzen und ihre Sexualität zur Schau tragen, außerdem wagen sie es, den traditionellen «doppelten Standard» in Frage zu stellen. Einige Jahre später wird die jetzt erst 15jährige Mickey genau das alles tun. In Shanghai ist sie ein *Flapper*!

Mickey as she looked as a high-school senior, circa 1921.
Emily Hahn Estate

3

An der Madison Universität

Auf Drängen der Eltern meldet sich Mickey an der Universität von Wisconsin in Madison an. Während sie einen naturwissenschaftlichen Kurs besucht, hört sie von einem hochgelobten Professor namens Kahlenberg, der einen Chemiekurs unterrichtet. Sofort beschließt die neugierige junge Frau, sich dafür einzuschreiben, muss aber dann erfahren, dass nur männliche Studenten angenommen werden. Der Dekan der Universität erklärt überzeugt:

Der weibliche Verstand ist unfähig, mechanische Vorgänge oder höhere Mathematik ebenso die Grundbegriffe des Bergbaus zu begreifen, wie sie in diesem Kurs unterrichtet werden. [4]

Diese Beurteilung will die liberal erzogene Mickey nicht akzeptieren. Schließlich gelingt es ihr dann doch, mit siebzehn Jahren, die erste weibliche Ingenieursstudentin zu werden. Das Studium zum Bergbauingenieur, mit ausschließlich männlichen Kommilitonen, erweist sich als schwierig, aber sie hält durch. Von der Universität in Madison aus schreibt sie an ihre Schwester Dorothy:

Sonntag

Es ist grau und windig. Heute Morgen machte ich einen Spaziergang, stellte mich auf einen dicken Stein und sang laut. Das könnte ich wiederholen.

Was für einen Geologie-Ausflug hatten wir gestern! Twenny leitete unsere Division – er geht nicht so schnell wie Emmons, aber er führt uns über Klippen und Berge, die selbst der Teufel meiden würde. Dennoch, ich habe durchgehalten, weil er mich beobachtete. Aber der Weg zurück führte circa zwei Meilen lang steil bergab, was schlimmer ist als einen Hügel hinauf gehen. So krochen und stolperten wir bergab, und viermal hätte ich am liebsten gestoppt, machte aber weiter, doch plötzlich gehorchten mir meine Beine nicht mehr und hielten an. Du kennst das, wenn deine Lungen plötzlich anschwellen und dein Herz bedrängen. Nun, Twenny lächelte nur, und da sauste ich an ihm vorbei und kam als zweite in die Station...

Heute erhielt ich einen Strauß Blumen, Veilchen mit einer Rose, dazu eine Karte in verstellter Schrift «Meine Hochachtung für einen wahren Kumpel.» Ich weiß nicht, wer das geschickt hat.[5]

Da Mickey als Frau während der Semesterferien keine Arbeit in einer Mine findet, plant sie, mit ihrer Freundin Dorothy Raper während der Ferien im Sommer 1924 auf Reisen zu gehen. Beide Mädchen sind an Geologie interessiert und Dorothy, die schon viel gesehen hat, schlägt vor, nach Belgisch Kongo zu fahren. Eine von Mickeys Kusinen, Jean Schoen, war 1924 allein nach Afrika gereist und hatte anschließend Vorträge über ihre Erlebnisse gehalten, was Dorothy sehr beeindruckt hat. So suchen sich die Mädchen auf der Landkarte Lake Kiwu als Ziel, denn dieser See soll angeblich zu kalt für Krokodile sein, und sie könnten dort schwimmen. Um für die Reise auf einen anderen Kontinent zu üben, beschließen sie, zuerst in den USA unterwegs zu sein. Ihr Ziel ist: New Mexico und Kalifornien.

Die Reise nach Westen
(22. Juni 1924)

Mickey und Dorothy bereiten sich gründlich auf die abenteuerliche Reise nach Westen vor. Es sind 2.400 Meilen von Wisconsin nach Kalifornien. Dorothys Vater kauft ihnen einen nagelneuen Ford T, und die Freundinnen lassen das Auto so umbauen, dass sie die Sitze zu Liegesitzen umstellen und die Fenster verdunkeln können.

Sie kleiden sich vorsorglich in Overalls und verstecken ihre Haare unter Kappen, damit sie männlich erscheinen, denn eine Reise von zwei jungen Mädchen allein durch den großen Kontinent ist höchst ungewöhnlich und nicht ungefährlich. Zur Beruhigung der etwas ängstlichen Eltern liegt eine kleinkalibrige Pistole unter dem Fahrersitz versteckt.

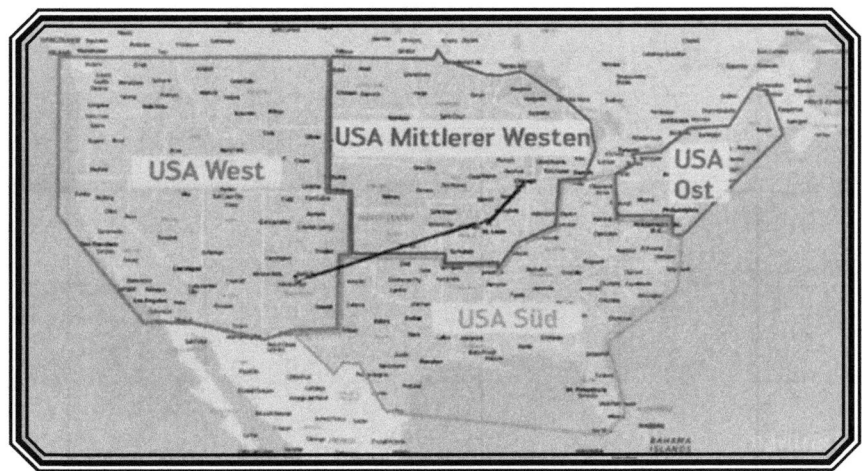

Reiseroute der beiden Studentinnen

Am 20. Juni verlassen Mickey und Dorothy die Universität in Madison, und nach einer Nacht bei den Hahns in Chicago geht es weiter nach St. Louis. Von dort aus beginnt die Reise ins Unbekannte. Eine Fahrt von 1.600 Meilen liegt noch vor ihnen, und sie schaffen es in 17 Tagen bis Albuquerque, wo sie von Dorothys Onkel Howard, einem prominenten Radiologen, schon erwartet werden. Hier bleiben die jungen Damen sechs Tage, und sie erholen und amüsieren sich auf Einladungen und Festen.

Frohgemut geht die Fahrt dann weiter in Richtung Los Angeles. Unterwegs besuchen sie den Grand Cannon, durchqueren auf einer 150 Meilen langen Strecke die Mojave-Wüste und erreichen schließlich ihr Ziel LA. Mittlerweile sind sie jedoch des Reisens müde geworden, sie gestehen sich ein, dass es ihnen in New Mexico besser gefallen hat als in Kalifornien, und deshalb kehren sie auf schnellstem Wege nach Albuquerque zurück. Nachdem das Auto in der Werkstatt wieder gründlich überholt worden ist, geht es ohne große Besichtigungen zurück nach Hause, denn Dorothy hat Heimweh, sie sehnt sich nach ihrem Freund und leidet außerdem unter einem abgebrochenen Zahn.

Für Mickey ist diese Reise ein einschneidendes Erlebnis. Ihre Eltern stellen fest, dass sie fortan immer an Fernweh leidet und erforschen will, was wohl hinter dem Horizont passiert. Doch zuerst beendet die Studentin ihr Studium zum Bergbauingenieur.

Zeit der Selbstfindung
1926-1930

«Wenn Charles Lindbergh es schafft
und lebend in Paris ankommt,
dann wage ich es
und kündige meinen Job.»

Emily Hahn

Arbeit in St. Louis

Als erste Frau schließt Mickey den Studiengang Bergbau mit Erfolg ab und erhält im Frühjahr 1926, für alle überraschend, ein Job-Angebot von der Ölfirma *Penzoil* aus St. Louis. Kurz darauf folgt ein weiteres Angebot von *McBride Incorporated*, ebenfalls aus St. Louis. Sie entscheidet sich für *McBride*, da ihr die Blei- und Zinkförderung als ein interessanteres Arbeitsfeld erscheint als die Ölgewinnung.

Mitte Juni tritt die frisch graduierte Mickey Hahn ihre erste Arbeitsstelle in St. Louis an. Hier teilt sie sich fortan ein Apartment mit Gertrude Bissell, einer Geologin, die ebenfalls bei *McBride* arbeitet. Mickey ist schon bald höchst unglücklich, denn anstatt Forschung zu betreiben wie ihre männlichen Kollegen, hat man ihr einen langweiligen Routinejob von 9 Uhr bis 17 Uhr zugeteilt; sie muss die Korrespondenz ablegen! Jeden Abend schüttet sie Gertrude ihr Herz aus, aber die hält sich mit negativen Äußerungen sehr zurück, da sie heimlich mit dem Chef liiert ist. Eines Tages erfährt Mickey zufällig, dass Gertrude schon zwei Gehaltserhöhungen erhalten hat, während sie selbst noch mit ihrem kleinen Anfangsgehalt auskommen muss. Zur selben Zeit erkennt sie, dass die Männer für die gleiche Arbeit mehr verdienen als die Frauen, und man erklärt ihr, dass sie nicht mit auf Expeditionen gehen darf, weil sie weiblich ist. Das alles trägt dazu bei, dass ihr bewusst wird:

Bei «McBride» und in St Louis werde ich nie glücklich![1]

Mickey fühlt sich gefangen. Sie ist 22 Jahre alt, attraktiv und talentiert, mit abgeschlossenem Studium, und das Leben scheint an ihr vorbeizugehen. Wie immer versucht sie, ihre Gefühle durch Schreiben zum Ausdruck zu bringen.

At the twelve o'clock whistle, I went out to eat.
I had a brown handbag, slippers on my feet.
A silly big hat, and a silly big coat
and a very silly muffler wrapped' round my throat.
I looked in a mirror that hung in a shop
and said to myself, «I am going to stop!»
I went very fast, and I went quite far.
I was nearly run over by a yellow street car.
Everybody yelled at me, «Get off the track!»
So I ate my cheese sandwich, and I never went back. [2]

Eines Abends besucht die deprimierte Mickey mit Freunden ein Restaurant und schnappt in der Unterhaltung den Namen «Charles Lindbergh» auf. Zuerst sagt ihr dieser Name gar nichts, aber als sie hört, dass der Mann zwei Jahre vor ihr ein Ingenieurstudium an der Universität von Wisconsin abgelegt hat, wird sie hellhörig. Auf Nachfragen erfährt sie, dass Charles Lindbergh als erster Mensch den Atlantischen Ozean mit einem einmotorigen Flugzeug überqueren will. Man erzählt:

Alle Augen waren auf den 25-jährigen Teufelskerl gerichtet, als er am frühen Morgen des 20. Mai 1927 vom Roosevelt Field auf Long Island abhob.

Am nächsten Abend, genau zu dem Zeitpunkt, als Mickey und ihre Freunde im Restaurant seine Überlebenschancen diskutieren, fliegt er immer noch allein unter dem Sternenhimmel in Richtung Europa. Mickey ist von dem ganzen Geschehen so fasziniert, dass sie in der folgenden schlaflosen Nacht entscheidet:

«Wenn Charles Lindbergh es schafft und lebend in Paris ankommt, dann wage ich es und kündige meinen Job.»

Früh am nächsten Morgen rennt sie zum Kiosk an der Ecke, und auf der Frontseite der Zeitung entdeckt sie folgende Nachricht:

Lindbergh made it. The Spirit of St. Louis in Le Bourget[3]

Charles Lindberg mit seinem Flugzeug

Am 21. Mai 1927 ist Charles Lindbergh nach einem Flug von 5.800 Kilometern in 33,5 Stunden sicher auf dem Flughafen *Le Bourget* in Paris gelandet. Mickey gibt ihre ungeliebte Arbeit auf, denn genau wie Charles Lindbergh will sie von nun an für die Erfüllung ihrer Träume kämpfen, auch wenn sie noch nicht sicher ist, wie diese Träume aussehen.

Als Harvey Girl in Santa Fé

Die Freundin Dorothy, mit der Mickey die Abenteuerreise nach Westen unternommen hatte, ist wieder nach Santa Fé zurückgekehrt, nachdem sie sich von ihrem Freund getrennt hat. Dorothy schwärmt von ihrem tollen freien Leben in New Mexico und schlägt Mickey vor, ebenfalls dorthin zu kommen. Sie verspricht Mickey, ihr einen Job zu besorgen. Sehr zum Leidwesen der Eltern Hahn, die nicht verstehen können, dass ihre Tochter in schwierigen Zeiten einen sicheren Arbeitsplatz aufgibt, findet Mickey dieses Angebot verlockend. Umgehend macht sie sich auf den Weg nach Santa Fé, um ein *Harvey Girl* zu werden. In den Jahren von 1880 bis 1950 arbeiteten diese gut ausgebildeten, uniformierten Mädchen (eine Erfindung von *Fred Harvey*) in den Eisenbahnzügen und den Restaurants entlang der Bahnstrecke in New Mexico. [4]

Im Jahre 1927, als Dorothy und Mickey im Westen ankommen, haben die Erben Fred Harveys eine florierende Touristenorganisation aufgebaut. Es gibt keine Bahnverbindung nach Santa Fé, das in den *Sangre de Cristo* Bergen liegt, denn die Bahnstrecke endet 25 Meilen östlich in der Stadt Lamy und 75 Meilen südwestlich von Albuquerque. So muss New Mexico mit Bussen erkundet werden, und dafür werden die *Harvey Touristenführer* angeheuert und ausgebildet. Die jungen Leute empfangen ihre Gäste an beiden Bahnstationen und bringen sie mit Bussen zu den Hotels und Sehenswürdigkeiten in der Umgebung.

Mickey kann als *Harvey Girl* arbeiten, nachdem sie einen Trainingskurs absolviert hat, bei dem sie viel über die Architektur der Adobe-Bauten, die Geschichte New Mexicos und die hier heimischen Indianer gelernt hat. Dann wird sie eingekleidet in der Uniform der Touristenführer; sie erhält eine Khaki-Hose eine weite samtartige Bluse, einen breiten silbernen Gürtel und einen Stetson-Cowboyhut. So vorbereitet und ausgestattet, kann sie ihre Gäste empfangen. Von Anfang an liebt Mickey ihre anstrengende Arbeit. Begeistert zeigt sie den Fremden die Künstlerstadt Santa Fé, besucht mit ihnen die Indianerdörfer, begleitet sie auf Ausritten und lässt sie in die Atmosphäre des Wilden Westens eintauchen. Das ist das Leben, welches ihr Spaß macht, denn sie lernt interessante Leute kennen, spielt Theater und versäumt kein Fest und keine Party. Obwohl offiziell noch Prohibition herrscht, fließt der Alkohol in Strömen; in Santa Fé trinkt man Tequilla und Kornschnaps. Mickey genießt beides, raucht dazu Zigarren, reitet auf Pferden und unterscheidet sich äußerlich kaum von den heimischen Cowboys.

Nach einem heißen Sommer fordert das exzessive Leben seinen Tribut, und Mickey erkrankt an Ruhr. Geldsorgen und die geschwächte Gesundheit zwingen sie zum Nachdenken. Sie nimmt ein Pferd und reitet mehrere Stunden lang allein durch die Gegend; dabei wird ihr klar, dass sie ihr Leben ändern muss.

Die Eltern Hahn haben Mickey schon lange bestürmt, wieder zur Universität zu gehen, und ihre Freunde meinen, sie solle eine Arbeit als Geologin annehmen. Mickey möchte jedoch keines von beidem.

Sie erstaunt alle, als sie Mitte September ihre Sachen packt und nach *Taos* zieht, einem Bilderbuch-Dorf rund 60 Meilen nordöstlich von Santa Fé. An diesem idyllischen Ort wohnen viele freigeistige Künstler, zuweilen auch berühmte Leute wie die Malerin Georgia O'Keeffe oder der Fotograf Ansel Adams.

Mickey findet Arbeit in *Ranchos de Taos,* wo sie in einem kleinen Unternehmen Postkarten produziert, d. h mit Mustern verziert und dazu mehr oder weniger sinnvolle Sprüche erfindet:

> *Diese kleine Karte hier schicke ich von mir zu dir*
> *als Zeichen meiner Liebe-*
> *auf dass sie ewig bliebe.*

Mit der anspruchslosen Arbeit verdient sie kaum etwas, aber sie ist zufrieden. Hier hat sie alles, was sie zum Leben braucht: eine Lehmhütte mit einem Bett, einen Herd, einen Kamin, Feuerholz zum Heizen, genug zu essen, viele Bücher und schließlich Ruhe und Frieden zum Schreiben. Im Hof steht Tom, ihr Pferd, und jedes Wochenende reitet sie in die Stadt zum Tanzen und Feiern. Mickey gefällt dieses Leben so gut, dass sie ihren Eltern mitteilt, sie komme Weihnachten nicht nach Hause.

Da steht eines Tages plötzlich ihre Mutter Hannah vor der Tür. Nun muss Mickey ihr gegenüber ihr idyllisches Leben rechtfertigen, was ihr schwerfällt. Hannah bietet an, dass die Eltern die Gebühren bezahlen werden, wenn Mickey zum weiteren Studium an die Universität zurückkehrt. Ein besonderer Anreiz soll sein, dass sie nicht nach Madison gehen muss, sondern an der Columbia Universität in New York studieren darf. Schließlich verspricht Mickey, ihre Zelte in New Mexico abzubrechen.

New York – ich komme

Im Januar 1928 beginnt Mickey ihr Studium in New York. Sie lehnt es ab, bei ihrer Schwester Helen und deren damaligem Mann, Dwight Haven, im Vorort Bronxville zu leben, sondern mietet sich ein billiges Hotelzimmer im Herzen der Stadt, nahe beim Times Square. Um zu ihrem Unterhalt beizutragen, unterrichtet sie an zwei Vormittagen der Woche Geologie am Hunter College, einem Institut für Frauen. Dort verdient sie 500 US$ pro Semester, was ihre Unkosten deckt. Das Leben ist schön, und Mickey genießt die Großstadt, bis das Semester zu Ende geht und somit auch ihre Arbeit am Hunter College. Nun drücken sie finanzielle Schwierigkeiten, denn in Zeiten der Depression ist es nicht nur für eine junge Studentin sehr schwer, eine feste Arbeit zu finden.

Dennoch ist Mickey glücklich, denn nun verkehrt sie in Schriftstellerkreisen. Ihr Freund David Loth ist Reporter der *New York World*, und ihre Schwester Helen arbeitet bei der *Herald Tribune*. Mickey will es als freischaffende Journalistin versuchen und hat Erfolg. Mit dem ersten Geld für Zeitungsartikel erfüllt sie sich einen Herzenswunsch und kauft sich einen kleinen Kapuzineraffen, den sie *Punk* nennt. Da sie mit dem Äffchen auf ihrer Schulter viel Aufmerksamkeit erregt, wird Punk ihr ständiger Begleiter in New Yorks schicken Cafés und bei literarischen Treffen. Der neue Freund von Helen, Herbert Asbury, glaubt an Mickeys Talent, stärkt ihr Selbstbewusstsein und unterstützt sie. Herbert Asbury ist in jenen Tagen einer der schnellsten und besten Zeitungsmenschen in New York und schon ein erfolgreicher Autor. Er wird Mickeys Mentor und Förderer. Aber schließlich ist der Ehemann von Schwester Rose, Mitchell Dawson, dafür verantwortlich, dass der erste Artikel von Emily Hahn von *The New Yorker* angenommen wird. Mickey hatte jahrelang einen ausgiebigen Briefwechsel mit Mitchell geführt, und dieser ist von ihrem

Witz und Stil begeistert. Seiner Meinung nach eignen sich Auszüge aus den Briefen wunderbar als literarische Vignetten, und er sucht eine Zeitschrift, der er sie anbieten kann. Eines Tages kommt ihm die Idee, dass *The New Yorker*[5] dafür geeignet sein könnte.

Im Frühjahr 1929 reicht Mitchell einige von Mickey Briefen, die von ihrem Leben in der Metropole erzählen, beim *The New Yorker* ein. Harald Ross ist beeindruckt von dem, was er liest, und möchte die Autorin gerne kennenlernen. Persönlich ruft er Mickey an und schlägt ein Treffen in seinem Büro vor. Nicht wissend was sie erwartet, macht sich die junge Frau auf den Weg. Das Büro des Herausgebers ist funktionell eingerichtet und Harald Ross mit einer Länge von fast zwei Metern eine beeindruckende Person. Hier treffen sie nun zum ersten Mal zusammen, und beide sind befangen. Ross, der bereits seine dritte Ehefrau hat, fühlt sich in Gegenwart von Frauen stets unsicher, und Mickey sitzt mit weichen Knien auf der Stuhlkante. Aber sie haben ja die Texte, über die sie reden können. Ross erklärt Mickey, dass ihm ihr Schreiben gefällt. Wörtlich sagt er: «*Junge Frau, Sie haben Talent. Sie können bissiger sein als irgendjemand, den ich kenne, außer vielleicht Rebecca West. Machen Sie so weiter!*» Der Vergleich mit der renommierten englischen Journalistin und Schriftstellerin macht Mickey stolz, besonders, da sie mit Rebecca West, die einst die Geliebte John Gunthers war, schon länger befreundet ist und deren Arbeit bewundert.

Auch wenn Ross die nächsten drei Artikel, die sie einreicht, ablehnt, so wird er mit der Zeit ihr Mentor, ihr Arbeitgeber und einer ihrer engsten Freunde.[6]

Sehnsuchtsort Afrika
1930

«Mit meiner großartigen Selbstsicherheit
überrannte ich alle Warnungen.»

Emily Hahn

Patrick Lowell Putnam

Eines Tages trifft Mickey auf einer Party in New York einen Mann, der sie sofort fasziniert; sein Name ist Patrick Lowell Putman. Patrick entstammt einer wohlhabenden Familie aus Boston / Neu-England. Er ist ein exzentrischer junger Mann, der in Harvard Anthropologie studiert. Während dieser Zeit verbrachte er zu Studienzwecken ein Jahr in Belgisch-Kongo. Mickey lauscht fasziniert seinen Erzählungen.

Am letzten Tag meines Aufenthaltes in Afrika ging ich noch einmal mit einem Einheimischen auf Safari und wurde dabei von einem Elefantenbullen angegriffen. Ich trug so schwere Verletzungen an Rücken und Hüfte davon, dass ich nicht mit der Gruppe zurückreisen konnte. Einheimische Frauen kümmerten sich um mich und pflegten mich zehn Monate lang. Während meiner Rekonvaleszenz verliebte ich mich in Abanzima, die Tochter des Dorfältesten aus dem Stamm der Mangbetu. Ich wollte sie zur Frau nehmen, aber eine Schwarze heiraten und mit nach Amerika zu bringen war in jenen Zeiten unmöglich. Als meine Eltern von dem irrwitzigen Plan hörten, entließen sie sogar ihre schwarze Haushälterin, da sie nicht an das Vorhaben ihres Sohnes erinnert werden wollten.[1]

Weiter erklärt Patrick, dass er, um nach Afrika zurückkehren zu können, eine medizinische Ausbildung machen wolle. Wenn er die Prüfung bestehe, könne er anschließend für das Rote Kreuz im Kongo arbeiten. Dort habe er als Assistenzarzt Gelegenheit, mit den Einheimischen zu leben und ihre Kultur zu studieren; insgeheim könne er auch versuchen, seine Geliebte wiederzufinden. Während Mickey zuhört, verstärkt sich in ihr der Wunsch, nach Afrika zu reisen, besonders, da sie im Augenblick unglücklich verliebt ist. So besucht sie Patrick während seiner Ausbildungszeit in Belgien und lernt dabei auch seinen Schimpansen Chimpo kennen, der mit ihm zusammen in einem Apartment lebt.

Nachdem Patrick seine Examen bestanden hat, reist er mit Chimpo nach Belgisch-Kongo, und lässt sich in dem Dorf Tange, am Ituri-Fluss, nieder. Hier richtet er eine Krankenstation ein, und die Einheimischen bauen ein Wohnhaus für ihn, seine Hauptfrau Abanzima und die beiden Nebenfrauen Nambedru und Sissi. Auch der weitgereiste Chimpo findet bei ihnen Unterkunft. Zwischen Patrick und Mickey herrscht ein reger Briefverkehr, denn Mickey ist nun fest entschlossen, das Abenteuer Afrika zu wagen.

Zuerst reist Mickey nach London und arbeitet dort neun Monate lang im British Museum, um Geld zu verdienen. Nebenbei belegt sie einen Kurs in «Tropischer Hygiene» und macht sich mit den Grundlagen für ein Überleben in Afrika vertraut. Schließlich kalkuliert sie, wie sie die Reise, für welche sie ungefähr 500 US$ braucht, finanzieren kann. Nach gründlichem Überlegen leiht sie sich 250 US$ von einem befreundeten Journalisten und mehrere kleine Beträge von anderen Unterstützern. Ihre Eltern, die von dem Plan keineswegs begeistert sind, schicken ihr dennoch einen Scheck. Schließlich erhält sie überraschenderweise noch 175 US$ von *The New Yorker* mit der Bitte um das Einreichen weiterer Texte.

Mit dem gesammelten Geld kauft sich Mickey eine Fahrkarte Dritter Klasse von Bordeaux nach der Stadt Avakubi im Kongo. Die Fahrkartenverkäufer für den Frachter wollen ihr keine Karte geben, denn es ist höchst unüblich, dass eine junge weiße Frau allein mit einem Frachter reist und schon gar nicht Dritter Klasse. Afrika ist in den Augen der westlichen Welt im Jahre 1931 noch eine gefährliche, unbekannte Wildnis. Aber Mickey gibt nicht nach und erhält schließlich ein Ticket für 120US$, dem halben Preis der Zweiten Klasse.

Nun besorgt sie die notwendigen Medikamente, Bücher, Schreib-papier und Reisekleidung – dennoch reist sie mit leichtem Gepäck. Zum Schluss fehlen nur noch die vorgeschriebenen Impfungen und eine ärztliche Untersuchung. Für die Einreise braucht Mickey eine Bescheinigung, dass sie frei von Syphilis, Tuberkulose, Skrofulose und anderen ansteckenden Krankheiten ist. Als allein reisende Frau, obwohl in ihrem Pass Bergbauingenieur als Beruf angegeben ist, ver-langt man außerdem eine notariell beglaubigte eidesstattliche Erklä-rung über ihren moralischen Lebenswandel als Beweis, dass sie keine Prostituierte ist. Dann kann die Reise beginnen.

Weihnachten 1929 verbringt Mickey jedoch noch in London von Heimweh und Abschiedsschmerz geplagt und dabei unsicher, was die Zukunft ihr bringen wird.

Unterwegs nach Belgisch-Kongo

Endlich reist Mickey per Schiff zum französischen Hafen Bordeaux, von wo der Dampfer *Braza* in Richtung Afrika ausläuft. Die ersten drei Tage liegt die Abenteuerlustige seekrank im Bett, dann schreibt sie nach Hause:

30. Dezember 1929

....und ein schöner frischer Tag. Nein, ich lüge, es ist eigentlich ein furchtbarer Tag, aber für mich sooo gut. Ich war KRANK. Zwei Tage lag ich stöhnend und hilflos in meiner Kabine, die für vier Personen eingerichtet ist, die ich aber Gottseidank allein bewohne. Wir segelten am Abend des 27. los, und ich fühlte mich munter und mit der Welt in Einklang. Am Sonntagmorgen – wir befanden wir uns noch auf dem Fluss – ging ich zum Frühstück. Was dann geschah, ist ziemlich ver-schwommen. Ich erinnere mich, dass ich krampfhaft versuchte, mich

mit meinem Tischnachbarn zu unterhalten. Um den Tisch herum saßen lauter Soldaten, mehr oder weniger bekleidet, und tunkten große Brotstücke mit Butter in henkellose Tassen, in denen sich Kaffee oder sonst etwas befand. Dann (völlig unerwartet) kollabierte ich in meiner Kabine und blieb da schätzungsweise drei Tage. Ich war zufrieden, aber vollkommen hilflos. Dreimal stand ich auf, um alle Nahrung loszuwerden, und jedes Mal dachte ich mit idiotischer Fröhlichkeit «Das also ist Seekrankheit!» Während all der Zeit weinte ein Baby am Ende des Korridors und ab und zu kam ein Stewart, um nach mir zu sehen und mir Essen anzubieten:

«Quelque chose à manger?» und ich stammelte «Merci – Rien du tout!»

Dann lachte ich, dann stöhnte ich, und dann schlief ich weiter. Einmal während der Horrornacht wachte ich soweit auf, dass ich mich ausziehen konnte. Gestern war es genau so, aber meine Schlafperioden wurden zeitweise unterbrochen, und ich sah ein Gesicht, eine Art Affengesicht, fühlte eine kleine Hand, die meine Finger hielt und hörte eine leise Stimme. Schließlich erkannte ich, dass es mein Frühstücksnachbar war, ein schmaler Sergeant. Der Mann war wunderbar. Er blieb den ganzen Tag bei mir und verließ die Kabine nur zu den Mahlzeiten. Warum? Ich weiß es nicht. Ich sagte ihm, er sei ein sehr netter Mann, aber er antwortete nur – keineswegs, jeder würde dasselbe machen.[2]

Als es ihr besser geht, erkundet Mickey das Schiff und macht Bekanntschaft mit den anderen Passagieren in der Dritten Klasse; es sind vorwiegend Soldaten und niemand spricht Englisch.

Am 20. Januar 1931 kommt die *Braza* in Boma[3] an, jedoch gewährt man der weißen Frau keinen Einlass mit der Begründung, sie habe nicht genügend Geld. Mickey ist außer sich, aber bis alles geregelt ist, erlaubt man ihr, noch eine Nacht an Bord zu bleiben, wenn sie dafür extra bezahlt. Am nächsten Tag trifft sie zufälligerweise den Angestellten einer Handelsfirma, der den Auftrag hatte, sie zu empfangen und ihre Weiterreise zu regeln. Gleichzeitig überreicht er ihr Briefe von Patrick Putnam, und sie weiß nun mit Bestimmtheit, dass er sie erwartet. Mit der Bahn, einem Schiff und Kanus geht es ins Landesinnere.

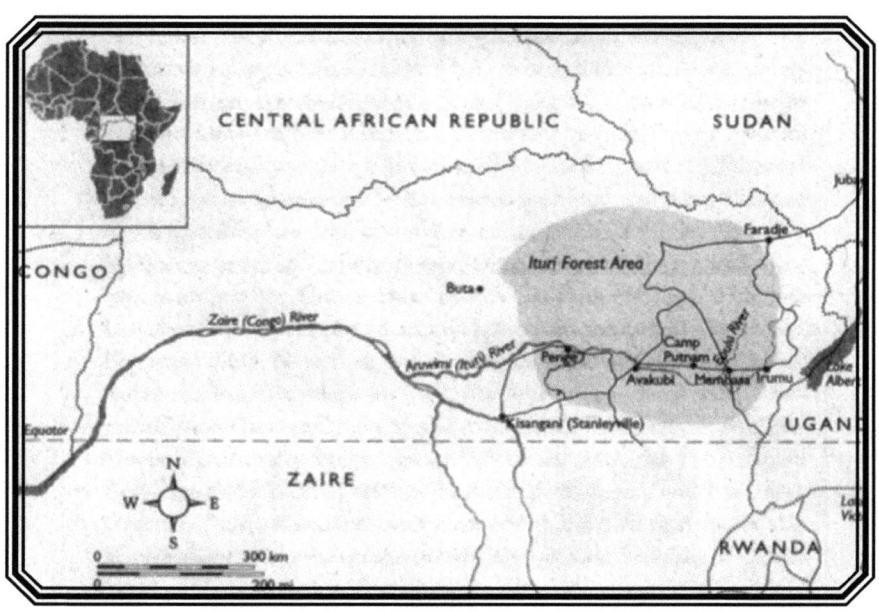

EMILY HAHN

Congo Solo

Misadventures Two Degrees North

Ein Jahr in der Krankenstation

Am 3. März 1931 erreicht Mickey den Ort Penge, ihr Ziel in Belgisch-Kongo. Patrick, der hier in ein Hospital aufgebaut hat, ist hocherfreut, Mickey zu sehen. Viele seiner Freunde hatten vor, ihn in Afrika zu besuchen, aber Mickey ist die einzige, die dieses Abenteuer wagte. Sie allein hat es geschafft.

Während die Männer für Mickey ein eigenes kleines Haus bauen, wird sie selbst sogleich in der Krankenpflege eingesetzt. Die Einheimischen akzeptieren sie und nennen sie *Die Schwester des Doktors*. Jeden Morgen begleitet Mickey Patrick zur Krankenstation und beobachtet, wie er Menschen behandelt, die an Malaria, an Himbeerseuche, unter Magenbeschwerden leiden oder eiternde Wunden haben. Er gibt Spritzen gegen Geschlechtskrankheiten und füllt endlos lange Formulare für die Beamten in Brüssel aus. Schnell lernt Mickey, wie man Wunden säubert und verbindet, Blutproben nimmt, Medizin portioniert und Flaschen beschriftet. Nach kurzer Zeit darf sie auch schon selbst Spritzen geben, sowohl in den Po als auch in die Vene, was sie stolz bemerkt.

Und dann erscheint ihr erster Patient, ein kleiner Junge von ca. vier oder fünf Jahren mit Namen *Matope*. Als Matope zur Impfung gehoppelt kommt, sind seine Füße mit Bast und Blättern verbunden. Der Doktor untersucht sie und entdeckt unzählige Larven von Sandflöhen und dazu Geschwüre an den Zehen. Ein Krankenpfleger beginnt mit einer Elfenbeinnadel die Larven zu entfernen, was unheimlich schmerzhaft ist und über eine Stunde dauert. Matope ist danach total erschöpft, und deshalb bittet Mickey Patrick, den Jungen mit nach Hause nehmen zu dürfen. Die Verwandten des Patienten haben nichts dagegen, denn der Vater ist tot, und die Mutter ist mit einem anderen Mann davongegangen. So bleibt der kleine

Matope in der Obhut des Doktors. Als es Abend und kalt wird, findet Mickey in ihrer Kiste ein wollenes Unterhemd, das sie dem Kleinen, der nur einen Lendenschurz trägt, überstülpt. Er schläft auf einer Matte zu Füßen von Mickeys Bett und wird fortan zum ständigen Begleiter der weißen Frau.

Zu Matope gesellt sich nicht lange danach ein neuer Mitbewohner. Am 16. Mai 1931 bringt ein fliegender Händler einen kleinen Affen ins Haus, den Mickey sofort kauft, da ihre Liebe zu den Tieren so groß ist, dass sie, wie sie selbst behauptet, einen körperlichen Schock verspürt, wenn riesige Affenaugen sie anstarren. Sie bringt das Äffchen in die Klink, damit Patrick es untersuchen kann. Als sie das Tier aus dem Korb heben, bemerken sie, dass um einen Arm ein blauer Verband gewickelt ist, der eine hässliche, ausgefranzte Fleischwunde bedeckt. Der Händler hatte erzählt, die Affenmutter sei getötet worden und das Jungtier von einem Pfeil getroffen. Das Äffchen ist kaum zwei Wochen alt und ohne Schwanz misst es nicht viel mehr als 20 cm; aber zubeißen kann es schon kräftig.

Patrick versorgt die Wunde, und dann wird ein Fläschchen mit Milch gefüllt und das Affenbaby gefüttert. Durstig trinkt es die schnell herbeigeschaffte Nahrung. Mickey nennt die Kleine *Angélique*, denn es ist ein Weibchen. Das Tier friert und zittert ständig, da es draußen nass und windig ist. Die neue Affenmutter zieht sich deshalb ihren wollenen Bademantel an und steckt Angélique zum Wärmen darunter, auch wenn sie bei jeder unbedachten Bewegung heftig gebissen wird. Da die Dienstboten das Feuer haben ausgehen lassen, nimmt Mickey das Äffchen, so verlaust wie es ist, mit in ihr Bett. Nach einer unruhigen Nacht krabbelt Angélique am Morgen zwischen den Laken umher, zieht ihre Pflegemutter an den Haaren und baut sich aus dem Moskitonetz eine Hängematte. Aufgrund des engen Kontaktes hat auch Angélique Mickey zu ihrer Bezugsperson erkoren und schreit wütend, sobald diese ohne sie den Raum verlässt.

Mickey fühlt sich sehr schnell wohl in Tange. Ihr Leben ist abwechslungsreich, denn neben der Arbeit in der Krankenstation begleitet sie den Doktor auf Wanderungen in entlegene Dörfer, wo die Bewohner gezählt, untersucht und behandelt werden. Hier hat sie zuweilen auch Gelegenheit, Pygmäen zu treffen, diese seltsamen kleinen Buschmänner, deren Leben sie erforschen will. Auch Hubert Smet, ein Großwildjäger und Freund Patricks, hilft ihr, die kleinen Menschen hautnah zu erleben. Eines Tages bereitet er sich auf eine Elefantenjagd vor und heuert dafür einige Pygmäen an. Er gibt Mickey Bescheid, und sie macht sich sofort auf den Weg. Die Begegnung mit den Pygmäen beschreibt sie folgendermaßen:

...der Dritte war eine richtige Schönheit. Er war klein und gut proportioniert, mit breiten Schultern und einem sehr muskulösen Körper. Er hatte einen kleinen Bart und seine Augen waren glotzäugig, genauso wie sie von dem Wissenschaftler Schweinfurt beschrieben werden. Er starrte mich an, und ich starrte zurück. Smet sagt, dass sie niemals sprechen, wenn sie jagen, sie antworten nur mit «ja» oder «nein», und er hat sie nie länger als eine Stunde während der Nacht schlafend gesehen; immer kochen und essen sie. Es sind nette Leute, die nichts stehlen außer Salz. Es bringt nichts, sie mit Geld zu bezahlen, denn sie wissen nichts damit anzufangen. Mit ihnen auf Jagd gehen ist schön, denn am Abend, wenn man um das Lagerfeuer sitzt, fangen sie an zu sprechen und stellen Fragen über Europa. Sie glauben, dass Europäer Kannibalen sind und das Fleisch in Dosen Menschenfleisch ist.[5]

Zu Fuß durch den Dschungel

Nach einem Jahr in der Krankenstation denkt Mickey daran, sich wieder auf den Weg zu machen, und schließlich beschleunigt Patricks exzentrisches Verhalten ihr Vorhaben. Sie kann kaum fassen, was eines Tages geschieht.

Patrick überrascht seine Frau Abanzima mit einem Mann im Bett. Wütend schlägt und würgt er sie, bis sie gesteht, dass es Kongolo war, der bei ihr lag. Die Strafe des Ehemanns, der selbst Nebenfrauen hat, ist grausam: Abanzima erhält von ihm zwölf heftige Stockschläge, ihr Haar wird geschoren, und sie wird mit einer Kette, einem Affen gleich, an einen Baum gebunden. Kongolo verliert seine Anstellung, erhält ebenfalls zwölf Stockschläge und muss mit dem Bett auf dem Rücken nackt durch das Dorf laufen.[6]

Für Mickey ist es unmöglich, mit Patrick über seine Maßnahmen zu diskutieren, denn sie kann nichts ändern und fürchtet seinen Zorn.

So beschließt sie, ihre Abreise zügig vorzubereiten. Umgehend besucht sie den Dorfältesten und bittet ihn, Träger zu organisieren und einen Pygmäen, der die Fährte durch den Regenwald suchen kann. Mickey will nach Osten ziehen, obwohl bisher noch niemand dorthin gewandert ist, auch gibt es keine richtigen Straßen, und die kleine Karawane kann nur den Elefantenpfaden durch den dichten Busch folgen. Die Reise soll am Lake Kivu, dem ehemaligen Sehnsuchtsort, vorbei zur Ostküste Afrikas führen. Bis zur Grenze Ugandas, wo es zum ersten Mal befestigte Straßen gibt, werden es ungefähr 100 Meilen Fußweg sein, den die Gruppe zurücklegen muss.

Auf den Weg machen sich Mickey, 16 Träger, der Koch Sabini, der kleine Matope und Angélique, das Äffchen. Es wird eine mühsame Wanderung durch matschigen Regenwald mit Übernachtungen im Freien oder in einer bezahlten Unterkunft in versteckten Dörfern. Auch für die Träger ist dieses Unternehmen ein Abenteuer, denn noch nie waren sie so weit von ihrem Zuhause entfernt, und noch nie haben sie so schwer gearbeitet. Während sie laufen, singen die Männer und teilen Mickey auf ihre Weise mit, was sie fühlen:

Oh, wir sind müde! Oh, wir sind müde!
Oh, Madame lässt uns hart arbeiten!
Oh, es wird schön sein, sich auszuruhen! [7]

Als Mickey im Gebiet der belgischen Minenarbeiter ankommt, kehren Matope und Angélique mit den Trägern zurück ins Camp, während die junge Frau alleine weiterreist. Der Abschied geht ihr nahe, auch fällt es ihr schwer, sich wieder an das Leben unter Weißen zu gewöhnen. [8]

Während der Reise nach Afrika führte Mickey Tagebuch, und all ihre Erfahrungen und Erlebnisse beschreibt sie in ihrem Buch *Congo*

Solo Misadventures Two Degrees North, das im Juni 1933 erscheint. Vor der Veröffentlichung muss sie auf Druck von Patricks Eltern einige Änderungen vornehmen, die seine Identität verschleiern.[9]

Zurück in der Zivilisation

Am 14. August 1933 erscheint dieser Cartoon in einer New Yorker Zeitung.[10]

Auf der Rückreise von Afrika kommt Mickey an einem kalten Januartag 1933 in London an. Hier trifft sie sich eines Tages mit einer Freundin in einem eleganten Restaurant zum Lunch und begegnet dabei einem Mann, der später ihr Leben durcheinander bringen wird. Die beiden lebhaften Amerikanerinnen ziehen viele Blicke auf sich, und auch ein Amerikaner, der in der Nähe ihres Tisches sitzt, bemerkt sie. Besonders Mickey fasziniert ihn, denn er glaubt, eine Ähnlichkeit mit ihrer Schwester Helen zu erkennen, mit der er früher befreundet war. Um ihre Aufmerksamkeit zu erwecken, ruft er Helens Namen, aber Mickey ignoriert ihn. Dieser Mann ist Edwin (*Eddie*) Mayer, 37 Jahre alt, Schriftsteller und Drehbuchautor für Hollywood.

Zurück in den USA kontaktiert Eddie Helen, und er erfährt, dass auch Mickey wieder in New York ist. Er lädt sie zum Essen ein, und sie verbringen einen vergnügten Abend zusammen. Das ist der Beginn einer Beziehung mit Höhen und Tiefen, die sich über zwei Jahre hinzieht. Mickey weiß, dass Eddie verheiratet ist und getrennt lebt, doch als er sich entschließt, zu seiner Ehefrau zurückzukehren, ist sie zutiefst verletzt. Unschlüssig, wie sie ihr Leben weiter gestalten soll, bemerkt sie verzweifelt:

«Wenn ich ein Mann wäre, würde ich jetzt in die Fremdenlegion eintreten.»[11]

Aber es bleibt ihr immer noch Afrika, und dort kann sie wieder hinreisen, denn ihr Buch *Congo Solo* ist ja ein Erfolg, und außerdem hat sie schöne Erinnerungen an ihre Zeit in Belgisch-Kongo.

Zwischenstation Japan
1935

«...jeder weiß doch, dass die Japaner
die einzigen feinfühligen Orientalen sind.»

Emily Hahn

Mit Helen gen Osten

Schwester Helen, die gerade eine Ehekrise mit ihrem zweiten Mann Herbert durchlebt, schlägt Mickey vor, zusammen mit ihr eine Reise nach Asien zu unternehmen.

Am 5. März 1935 verlässt die *Cichibu Maru*, ein Motorschiff der *Nippon Yusen Kabushiki Orient Line*, den Hafen von San Franzisco. Die Schwestern reisen Erster Klasse, um sich zu verwöhnen und die Überfahrt in vollen Zügen zu genießen. Mickey denkt:

Ein oder zwei Wochen im Fernen Osten sind Zeit genug, um Eddie zu vergessen, und dann geht's wieder nach Afrika![1]

Sie wird die nächsten acht Jahre in China verbringen.

Beglückt über ihre gemeinsame Seereise machen sich Helen und Mickey sogleich auf, das Schiff zu erkunden. Sie bemerken, dass mit der luxuriösen *Cichibu Maru* hauptsächlich Japaner reisen, jedoch ein Passagier fällt ihnen sofort auf: Es ist ein großer Amerikaner mit blondem Haar und einem Zwicker auf der Nase, der westliche Kleidung trägt. Umgeben ist er stets von kleinen in Kimonos gekleideten Japanern, mit denen er sich lebhaft unterhält. Die Schwestern sind beeindruckt und sehr erfreut, als der attraktive Mann sie später an Deck anspricht. Er stellt sich als *Eddychan* vor, was eine japanische Abwandlung seines amerikanischen Namens Mathew ist. Dann erzählt er ihnen, dass er als Sohn eines Missionars in Japan aufgewachsen sei und sich in diesem Land zu Hause fühle. Momentan begleitet er eine Delegation von führenden Industriellen, die nach einer Weltreise in ihre Heimat zurückkehren.

Eddychan wird Mentor der beiden Damen; er führt sie in die japanische Gruppe ein, und von dem Zeitpunkt an verbringen alle die Freizeit zusammen. Gleichzeitig arrangiert der rührige Mann für jeweils nachmittags um drei Uhr ein Treffen, bei dem er Mickey und Helen eine Einführung in die japanische Sprache und Kultur gibt. Mit dieser Vorbereitung sind die Schwestern keineswegs traurig, als sie erfahren, dass ihr Schiff nicht wie geplant nach China, sondern nach Japan fährt.[1]

Eddychan zeigt sein Japan

Bei der Ankunft in Yokohama wird die japanische Delegation formell und festlich empfangen, aber Eddychan schließt ganz entgegen der Etikette seine Freundin Kazuko in die Arme und küsst sie in aller Öffentlichkeit. Ein Sprichwort im Land der aufgehenden Sonne lautet: *Ein japanischer Gentleman schlägt seine Frau in der Öffentlichkeit und küsst sie hinter dem Vorhang.* Mickey, die erfahrene Seereisende, hat Helen bereits erklärt, dass Freundschaften, die man an Bord knüpfe, nicht hielten, und dass sie sich von nun an allein in Japan zurechtfinden müssten. Doch weit gefehlt. Eddychan und Kazuko begleiten sie zum Imperial Hotel in Tokio, zeigen ihnen in den folgenden Tagen Sehenswürdigkeiten sowohl in der Stadt als auch in der Umgebung. Schließlich laden sie die beiden Amerikanerinnen sogar in ihr Haus in Jijima ein, einem kleinen Fischerdorf am Meer, nicht weit entfernt von der Stadt Kamakura. Hierhin kommen dann Verwandte und Freunde, um die Besucher aus Amerika zu bestaunen. So bleiben die Schwestern länger in Japan, als ursprünglich geplant, und als sie nach drei Wochen abreisen, sind sie tief beeindruckt von diesem Land, seiner Kultur und den freundlichen, höflichen Menschen. Noch ahnt Mickey nicht, wie ihre nächste Begegnung mit Japanern ausfallen wird.[2]

Mickey in Shanghai
1935

«Von allen Städten auf der Welt
ist Shanghai die Stadt, die zu mir passt!»[1]

Emily Hahn

Die Perle des Ostens.

Im Jahre 1935 ist Shanghai die fünftgrößte Stadt der Welt mit vier Millionen Einwohnern, von denen 70.000 Ausländer sind. Zwischen den beiden Weltkriegen sind hier 14 verschiedene Mächte repräsentiert: Belgien, Brasilien, Dänemark, Frankreich, Italien, Japan, Niederlande, Norwegen, Portugal, Spanien, Schweden, die Schweiz, Großbritannien und die Vereinigten Staaten. Jedes Land hat sein eigenes Konsulat, und die Angehörigen unterstehen nicht dem chinesischen Recht. Ausländer können jederzeit einwandern und bleiben, da sie weder Visum noch Pass benötigen. Man fragt niemanden, weshalb er sich in Shanghai aufhält, da anzunehmen ist, dass viele der hier Lebenden, etwas zu verbergen haben. Die Fremden wohnen in nationalen Konzessionen, welche mehr als 60 % des 20 Quadratmeilen großen Stadtgebietes beanspruchen; die chinesische Bevölkerung drängt sich in den weniger günstig gelegenen Stadtteilen. Unglaubliche Armut kontrastiert mit sagenhaftem Reichtum. Der *Bund* (ein anglo-indisches Wort für Kai oder Uferstraße), ein oft mit Manhattan verglichener Boulevard am Whangpoo, wird zum Inbegriff von Reichtum und westlicher Lebensart. Zwischen dem *Quai de France* und der *Garden Bridge* konzentrieren sich die Monumentalbauten der Kolonialgeschichte, die seit 1890 errichtet wurden. Herausragend ist das Sassoon-Haus mit dem *Cathay-Hotel*. Seit dem Jahr 1930 prangt daneben das Gebäude der *Bank of China* im klotzigen Nationalstil.

In den dreißiger Jahren ist Shanghai in drei größere Stadtgebiete unterteilt: das Internationale Settlement, die Französische Konzession und den Teil, in dem hauptsächlich die chinesische Bevölkerung lebt.

Shanghai gilt in dieser Zeit als das *Paris des Ostens*. Allein der Name ruft Bilder von Mystik, Abenteuer und Romantik hervor, und hierhin muss jeder reisen, der Geld und Zeit zur Verfügung hat. Keine

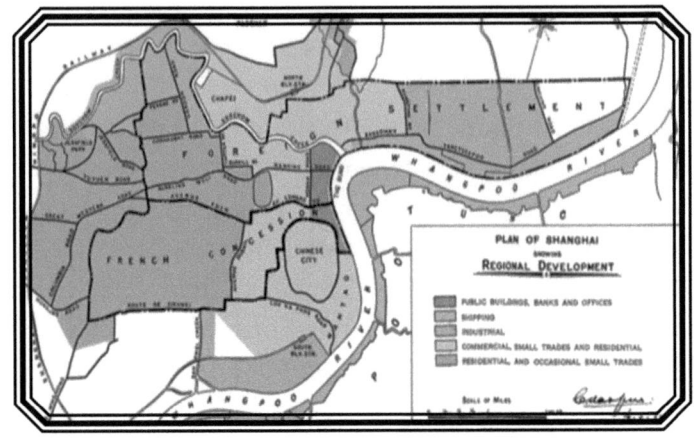

Weltreise ist vollkommen ohne einen Stopp in Shanghai. Die Ankunft eines jeden berühmten Besuchers wird in den Gazetten ausführlich dokumentiert und kommentiert. So heißt es zum Beispiel, dass Wallis Simpson, die spätere Herzogin von Windsor, hier nur mit einer Rettungsweste bekleidet für schlüpfrige Fotos posierte, dass Charly Chaplin mit Paulette Goddard, seiner späteren Ehefrau, in der Stadt urlaubte, während sich Mussolinis Schwiegersohn, Graf Galeazzo Giano, in den legendären Tanzhallen vergnügte. Auch Hollywood kann sich dem Sog dieser Metropole nicht entziehen, so spielt hier unter anderem im Jahre 1932 das Melodrama *Shanghai Express* mit Marlene Dietrich. Es gibt in diesen Zeiten 36 verschiedene Kinos in Shanghai.

Das Leben in der Stadt ist für Fremde äußerst preiswert. Reis kostet so wenig, dass es den Ausländern vorkommt, als sei er fast umsonst. Billiger Reis bedeutet billiges Hauptnahrungsmittel, und das wiederum bedeutet billige Arbeitskraft. Bei einer Wechselrate von drei Shanghai Dollar zu einem US-Dollar sind Lebensmittel und Dienstleistungen unvorstellbar günstig. Jeder, der ausländische Währung zur Verfügung hat, kann ein Leben führen, wie es ihm sonst nirgendwo möglich wäre. Der Stoff für einen maßgeschneiderten Anzug beträgt 1 US$ und das Abendessen in einem guten Club ebenfalls 1

US$, für eine zusätzliche Show weitere 1,5 US$. Man genießt das Leben in vollen Zügen.

Ankunft der Amerikanerinnen

Mickey und Helen verlassen Yokohama Ende April 1935 an Bord des Postschiffes *Shanghai Mail*, das Mickey im Vergleich zur *luxuriösen Chichibu Maru als kleinen schmutzigen Bottich* bezeichnet.

Ihre Ankunft wird sowohl in der englisch-sprachigen als auch in der chinesischen Presse angekündigt:

Vicky Baum, Autorin von 'Grand Hotel', und Emily Hahn, Autorin von 'With Naked Foot' kommen am nächsten Freitag in unsere Stadt. Miss Hahn gilt als eine der cleversten jungen Schriftstellerinnen von Amerika. Sie ist hier ausschließlich, um sich zu amüsieren und ihrer Reiselust zu frönen.[2]

An der chinesischen Küste angekommen, ankert das Postschiff an der sogenannten *NYK Wayside Werft* zwischen Passagierbooten, Frachtern und Marineschiffen aus zwanzig verschiedenen Nationen. Da flattern der Union Jack neben dem Stars and Stripes-Banner, die Nippon-Flagge vor dem chinesischen Drachen. Eine Barkasse bringt die Passagiere in die etwa zwei Meilen entfernte Stadt, denn die Mündungen des Whangpoo und des Yangtze sind so verschlammt, dass große Schiffe nicht einlaufen können. Auf dem Whangpoo drängen sich unzählige chinesische Dschunken und Hausboote, die gegenüber dem Bund, der belebten Hauptstraße und Promenade, ankern.

Als Mickey und Helen an Land treten, überfällt sie ein Kaleidoskop aus Geräuschen, Anblicken und Gerüchen. Autos hupen, Pfeifen schrillen, Glocken läuten, Händler schreien, Bettler flehen,

Kinder weinen. Gefährte aller Art füllen die Straßen. Es drängen sich Schubkarren zwischen Pferdekutschen, Fahrräder rollen hinter Rikschas; Autos, Busse und Motorräder verschaffen sich Vorfahrt. Auf den Bürgersteigen tummelt sich eine Vielfalt von Menschen: da sind schwitzende Kulis, versnobte Engländer, in Seide gekleidete chinesische Händler, indische Verkehrspolizisten, elegante Chinesinnen, aufgetakelte Kurtisanen, zerlumpte Bettler. Über allem hängt der Geruch von Brackwasser und stinkendem Fisch, der Gestank der Autos und der Duft von Suppenküchen. Mickey denkt:

Gerade als ich einen recht netten Platz (sie bezieht sich auf Japan) gefunden habe, wo ich herumlungern und lesen könnte, werde ich schon wieder weggeschleppt für ein paar unbequeme Tage, in eine solch vulgäre und laute Stadt. Ich weiß nicht, und es ist mir auch egal, wer diese Chinesen sein mögen, aber jeder ist sich wohl bewusst, dass die Japaner die einzigen feinsinnigen Orientalen sind. China ist grell. China ist rot und gold und groß, alles, was ich nicht mag. Puh![3]

Bernadine Szold-Fritz, die Netzwerkerin

Am Pier werden die Schwestern jedoch schon ungeduldig erwartet von einer auffallend gekleideten Frau, die einen seidenen Turban auf dem Kopf und große Jadeohrringe trägt. Es ist Bernadine Szold-Fritz, eine alte Freundin von Mickeys und Helens Schwester Rose. Bernadine, Spross einer jüdisch ungarischen Familie aus Peoria, Illinois, ist von ihrem ersten Mann, einem Zeitungsmenschen, geschieden. In Chicago arbeitete sie als Journalistin und auf einer Reise durch Europa lernte die lebenslustige und kommunikative junge Frau berühmte Leute kennen, zum Beispiel F. Scott und Zelda Fitzgerald, Gertrude Stein und Isadora Duncan in Paris. 1929 ist sie unterwegs nach Fernost und in Shanghai begegnet sie dem reichen britischen Aktienmakler und Silberhändler Szold Fritz[4], den sie heiratet. Als

Mickey und Helen 1935 nach Shanghai kommen, gilt Bernadine als eine der führenden *tai-tais*[5] in dieser quirligen Stadt. Die exzentrische Dame ist der Mittelpunkt des gesellschaftlichen Lebens, und ihre Extravaganz ist legendär. Sie kleidet sich in einem bohème-orientalistischen Stil, der nichts mit der Kleidung chinesischer Damen gemein hat; dazu bedeckt sie ihr Haupt mit einem seidenen Turban, schmückt sich mit riesengroßen Ohrringen und balinesischem Silberschmuck. Man munkelt, Bernadine reise mit drei verschiedenen Schmuckkästchen. Bernadine Szold-Fritz ist gern gesehener Gast bei Partys, Bällen, in Clubs und allen Veranstaltungen der Ausländer. Sie selbst agiert als eine vollendete Gastgeberin und Gründerin des *IAT International Arts Theater*, in dem Konzerte, Vorträge, Debatten und manchmal auch Theateraufführungen stattfinden.

Einen besseren Empfang in Shanghai hätten Helen und Mickey nicht haben können. Bernadine nimmt sie sofort mit zu einer ihrer berühmten Dinner-Partys. Für diesen Abend hat sie Plätze im kantonesischen Restaurant *Hung Fah Loh* auf der *Foochow Road* reserviert, und es sind wie stets interessante Gäste verschiedener Nationalität anwesend. Da treffen sich ein französischer Graf mit seiner italienischen Ehefrau, ein Pole, der die französische Staatsangehörigkeit angenommen hat, ein junger berühmter Schriftsteller und ein chinesischer Zollinspektor, letzterer stellt das Menü zusammen. Bernadine ist eine der wenigen *tai-tais*, die auch Chinesen zu ihren Gästen zählt. Die bunte Mischung der Anwesenden sorgt für eine interessante Unterhaltung, und die beiden Neuangekommenen stehen inmitten des Interesses. Mickey, die in New York eine Schriftstellerin ohne Geld, mit einem gebrochenen Herzen und einer unbestimmten Zukunft war, sieht sich hier in Shanghai plötzlich bewundert und beliebt. Ihr freier Geist und Witz machen sie zum Mittelpunkt des gesellschaftlichen Lebens und sie denkt bei sich: Vielleicht ist das Leben hier doch interessant!

Allein schon die authentisch chinesische Küche verschafft ihr Glücksgefühle, und sie wird später ein Buch über die *Küche der ältesten Kultur der Welt* schreiben. Ihr erster Eindruck ist verblüffend:

Anfänglich war ich durch das Benehmen meines Gastgebers etwas aufgebracht, der, wie mir schien, ein lächerliches Aufhebens um die Bestellung machte. Schließlich begingen wir kein Fest, dachte ich bei mir, sondern wollten nur essen. Nichtsdestoweniger ließ sich der Gastgeber mit dem Wirt in eine lange, (für mich) unverständliche Erörterung der Speisenfolge ein. Mit jeder Minute, die verstrich, wurde ich gelangweilter und hungriger und fragte mich, wie es möglich sei, dass jemand so viel über das Essen sagen könne. Lange nachdem sich der Wirt mit der Bestellung entfernt hatte, war ich noch immer ungehalten. Dann erschien das erste Gericht – eine Suppe mit in Scheiben geschnittenem Schweinefleisch und chinesischen Gemüsen –, und ich probierte es. In Erwartung, dass jemand eine Bemerkung über die Güte der Suppe machen würde, sah ich überrascht auf. Aber niemand äußerte sich. Alle löffelten eifrig, und nach einer Weile folgte ich ihrem Beispiel. Gerade überlegte ich, ob ich noch einmal nehmen sollte, als der Kellner eine Anzahl neuer Gerichte brachte, die er einfach alle zusammen auf den Tisch stellte. Eins davon war gedämpfter Fisch in einer Sauce aus schwarzen Bohnen, zart und saftig, voll des Aromas der verschiedenen Gewürze und durch die Sauce abgerundet. Es gab Rippchen, die gerade richtig knusprig waren, und eine Schüssel mit Gemüsen, die ich nicht kannte, knackig und von so frischer Farbe, als wären sie gar nicht gekocht worden. Ich erkundigte mich, wie das möglich sei, und erhielt die Antwort, sie seien «unter Rühren gebraten» oder schnell in sehr heißem Öl gegart. Dann gab es in Sojasauce geschmortes Huhn, das eine, wie mein Gastgeber sich ausdrückte, einfache kleine Mahlzeit beschloss. Zweifellos erfuhr ich bei dieser Gelegenheit, wie wenig ich über chinesisches Essen wusste.[6]

Die vielen neuen Eindrücke beflügeln Mickey und sie beschließt, ihre Reisepläne nach Afrika aufzuschieben und vorerst in Shanghai zu bleiben, wohl wissend, dass Matope im Kongo auf ihre Rückkehr wartet.

Mit Bernadine nach Nanking

Bernadine Szold-Fritz will Mickey und Helen etwas von China zeigen, und sie machen zusammen einen Ausflug nach Nanking, der alten Hauptstadt. Im Zug treffen sie zufällig einen Bekannten der Familie Szold-Fritz, Herrn Doktor Chu Min-yee. Dr. Chu hatte in Paris Medizin studiert und wurde bekannt durch die Wahl seiner Doktorarbeit mit dem Titel *Eine Studie über die Vaginal-Vibrationen der weiblichen Hasen*. Auf dieser Reise ist er exzentrisch gekleidet, wie Mickey bemerkt: mit langweilig grünen Reiterhosen, einem faschistischen Hemd und weichen russischen Stiefeln. Als er während der Unterhaltung erfährt, dass Helen und Mickey begeisterte Reiterinnen sind, meint er: «In Nanking müsst ihr unbedingt meine Pferde reiten! Ich werde alles arrangieren!»

Am nächsten Tag wird im Hotel ein Paket abgegeben mit Dr. Chus typischer Kleidung: grüne Reiterhosen, russische Stiefel und alles andere, was zum Reiten nötig ist. Der Chauffeur bittet darum, sich schnell umzuziehen, denn die Pferde stünden auf der Rennbahn schon bereit. Die Reitanlage ist ein herrlicher Platz mit wunderbarer Aussicht und befindet sich genau unterhalb des Mausoleums von Dr. Sun Yat-sen. Hier warten die Rösser, laut Mickeys Beschreibung: ein verbittertes australisches Reitpferd und ein junges, kräftiges, aber uninteressiertes mongolisches Pony! Der Pferdeknecht erklärt:

«Das Pony hat ein ungezügeltes Temperament, also bitte reitet es nicht. Es kommt nur mit, damit das große Pferd auch den Stall verlässt.

Das große Pferd ist ein richtiges Pferd, und Dr. Chu liebt es sehr; er bittet darum, es nicht zu verletzen.»[7]

Die Damen sind ein bisschen erstaunt, folgen aber den Anweisungen des Pferdeknechts. Helen steigt als erste auf und beginnt einen langsamen Ritt. Mickey denkt, dass sie bald Tempo aufnehmen wird, aber der Knecht hält das Pferd an der Trense und geht langsam voran ohne loszulassen. Nach einer Runde um den Kurs steigt Helen zufrieden ab und übergibt den Gaul Mickey. Wiederum schreitet der Knecht voran, nur diesmal noch etwas langsamer, da er nun müde ist. Nach dieser Runde bringt der Chauffeur die beiden Damen wieder ins Hotel, wo sie sich umziehen und die Reitkleidung mit Dank zurücksenden. Dieses Reiterlebnis war eine weitere «chinesische» Erfahrung, und wenn Mickey davon erzählt, vergisst sie nicht zu erwähnen, dass man ohne Dr. Chu in Nanking herrliche Ausritte unternehmen kann.

Durch Bernadine, die Netzwerkerin, lernt Mickey zwei Menschen kennen, die ihr zukünftiges Schicksal bestimmen werden. Schon gleich zu Anfang ihres Aufenthaltes in Shanghai treffen Helen und sie während eines von Bernadines Amateur-Theaterabenden Sir Ellice Victor Sassoon.

Sir Ellice Victor Sassoon
1935

«Von Zeit zu Zeit macht mir Sir Victor,
der netteste Mann der Welt,
ein Geschenk, und ich nehme es an,
ohne rot zu werden.»[1]

Emily Hahn

Sir Victor Ellice Sassoon

Sir Ellice Victor Sassoon ist der mächtigste aller Taipans in Shanghai und einer der reichsten Männer des Britischen Empires. *Eve*, wie seine Familie ihn nennt (aufgrund seiner Initialen E.V.) wurde in Bagdad in eine wohlhabende, sephardisch-jüdische Kaufmannsfamilie geboren, die glaubt, ihre Herkunft bis zu König David zurückverfolgen zu können. Die Sassoons haben ihr Vermögen im Baumwoll- und Opiumhandel gemacht und gelten als die Rothschilds des Ostens.

Victor Sassoon wurde in England erzogen, wo er die Harrow School und die Cambridge University besuchte. Schon früh wählte der Clan ihn aus, in vierter Generation das Sassoon-Imperium zu führen. Doch bis es so weit war, genoss er das Leben und interessierte sich mehr für Pferderennen, schnelle Autos und Flugzeuge, als für die Finanzwelt. Schließlich entdeckte er das Fliegen und wurde Gründungsmitglied des Royal Aero Club. Im Jahre 1915 erhielt Ellice Victor Sassoon die Pilotenlizenz Nr.52. Die Lust am Fliegen wurde ihm jedoch fast zum Verhängnis. Eines Tages nahm er als Unterleutnant an einem Trainingsflug der neu gegründeten Royal Naval Air Force teil. In tausend Fuß Höhe fiel plötzlich der Motor des Doppeldeckers aus, das Flugzeug stürzte ab und landete in einem Feld. Der Pilot verletzte sich nur an einem Knöchel, Victor aber, der als Beobachter in der Maschine vorne saß, brach sich beide Beine. Acht Monate lang musste er liegen, und als der Gips abgenommen wurde, war sein rechtes Bein merkbar kürzer als das linke. Er sollte ein Leben lang auf einen Stock angewiesen sein. Da Victor nun keinen Sport mehr treiben konnte, steckte er seine ganze Energie in das Familienunternehmen.

Als sein Vater 1924 starb, erbte Victor dessen Titel und wurde der 3. Baronet von Bombay. Nun zog er nach Indien, wo er die Textilmühlen der Familie leitete und sich in der Politik engagierte. Victor spürte bald, dass das indische Volk sich gegen die Herrschaft der Briten auflehnen würde. Besonders Mahatma Gandhi, der starke Führer der Congress Partei, plädierte für die Unabhängigkeit Indiens und für einen friedlichen Protest.

Im Frühjahr 1928 entscheidet Victor während eines Besuchs in Shanghai, dass seine Zukunft in China und nicht in Indien liegen wird.[2] Shanghai ist eine Stadt, die ihm gefällt, und er erwirbt das beste Grundstück am Bund, die Nummer 20, für den Bau eines neuen Firmensitzes *E.D. Sassoon & Co.*, zu dem auch das noble Cathay Hotel gehören wird.

Das Cathay Hotel

20 Nanking Road

Sir Victors Hotel wird 1929 eröffnet und steht symbolisch für den Beginn des glamourösen goldenen Zeitalters der Stadt Shanghai, des Paris des Orients. Ebenerdig befinden sich die Kolonnade der Hotel-Lobby und die Shopping-Arkade, die sich bis zum Ende der Nanking Road hinzieht, die nächsten drei Stockwerke beherbergen die Büros der Sassoon Gesellschaften sowie die Hauptstellen der privaten Banken und Handelsvertretungen des Familienunternehmens. Im nächsten Stock beginnt das Cathay Hotel: 215 Zimmer und Suiten auf fünf Stockwerken, alle mit einem eigenen Badezimmer. Das

Wasser wird von dem zwei Meilen entfernten *Bubbling Well* Brunnen hochgepumpt. Eine Art Aircondition sprüht atomisiertes Wasser in die Räume, so dass selbst während der heißen Sommermonate eine angenehme Temperatur herrscht. Die besten Zimmer sind die neun Luxus-Appartements an der Bund-Seite. Da gibt es unter anderem eine indische Suite, eine chinesische Suite und eine moderne französische Suite. 400 Angestellte stehen auf Knopfdruck von allen Zimmern aus den Gästen zur Verfügung. Jeden Morgen werden Exemplare der *North-China Daily News*, nachdem sie von den Hausdienern glattgebügelt wurden, zu den 215 Zimmern gebracht. In den Hotel-Restaurants wird das exquisiteste Essen von ganz Shanghai serviert. Der französische Chef Victor Bouchard befehligt 70 Köche, die nur die besten Zutaten verwenden dürfen.

Über diesen Gästezimmern ist ein ganzer Flur den Restaurants und Tanzsälen gewidmet. Sir Victor besitzt hier oben auch ein eigenes Penthouse. Alles wird gekrönt von einem pyramidenartigen Dach, das sich 202 Fuß[3] hoch über der Straße erhebt.

Fünf Jahre zuvor hatten viele Pessimisten behauptet, dass man keinen Wolkenkratzer in Shanghai an den Ufern des Whangpoo bauen könne, denn der Schlamm jahrtausender Jahre hatte sich abgesetzt, an manchen Stellen 1.000 Fuß tief. Sir Victors Ingenieure hatten das Problem gelöst. Sie stellten aus Beton und Douglaskiefern (aus Oregon herbeigeschafft) 1.600 Pfeiler her, die sie 60 Fuß tief in den Schlamm versenkten. Auf diese Pfeiler kam ein betonierter Ponton, als Grundlage für die Eisenbetonstruktur des Hotels.

Im Laufe der Jahre hatte Sir Victor rund um den Bund viele Grundstücke erworben und dort Hotels, Geschäfte und Apartmenthäuser bauen lassen, alles nach einem ausgeklügelten Plan. Wer nun mit dem Flugzeug ankommt, kann von oben die Buchstaben «V» und «S» in der Anordnung der Gebäude erkennen. Sir Victor hat der Stadt, in der nicht alle dem Juden wohlgesonnen sind, seinen Stempel aufgedrückt.

Die feierliche Eröffnung des Cathay-Hotels findet im Sommer des Jahres 1929 statt. Sir Victor befindet sich zu diesem Zeitpunkt auf der anderen Seite der Welt und genießt das Nachtleben auf Hamburgs *Reeperbahn* und in den *Folies-Bergères* von Paris. Am Montag, dem 31. März 1930 schreibt er dann endlich in sein Tagebuch: *Angekommen S'hai 6.30 Uhr. Wohne in Suite Nr. 1 Cathay Hotel.* Er ist zu Hause.

Der reichste Mann Shanghais und seine Muse

Und es dauert nicht lange, bis Bernadine die beiden Schwestern mit diesem Mann bekannt macht, denn Sir Victor gilt als Frauenverehrer und Genießer des gesellschaftlichen Lebens. Die hübschen

Sir Victor Sassoon's portrait of the Hahn sisters, Helen and Mickey, in profile, Shanghai, 1935.
Courtesy Emily Hahn Estate

Amerikanerinnen Helen und Mickey gefallen ihm ganz besonders, und er nimmt sich ihrer sofort an. Sie schreiben an ihre Mutter Hannah, nachdem sie mit Bernadine Nanking besucht haben:

Nun sind wir zurück in den «Cathay Mansons», in einer Suite anstelle eines Zimmers. Sir Victor veranlasste, dass wir sie zu einem Spottpreis bekommen. Er besitzt fast alle wichtigen Grundstücke in Shanghai. Als wir gestern die Suite bezogen, fanden wir dort einen Geschenkekorb mit allem, was du dir nur vorstellen kannst, sogar Wodka, und dazu noch einen Karton «Cream Cheese», wir werden mit Bernadine teilen müssen.»[4]

Sir Victor liebt den Tanz, das Theater, das Reisen, internationale Freunde und ganz besonders Pferde. Sein Gestüt ist zu diesem Zeitpunkt eines der größten der Welt, und seine Rennpferde sind bei Derbys äußerst erfolgreich. Bei allen wichtigen Rennen ist er anwesend, meistens in Begleitung einer wunderschönen, eleganten Frau; nun sind es die Schwestern Hahn.

Auch ein weiteres seiner Hobbys, die Fotografie, teilt er mit ihnen, und lädt Helen und Mickey in sein privates Studio ein. Hier zeigt er ihnen ein Album mit Nacktfotos, die er von einigen der schönsten Frauen Shanghais gemacht hat. Als er Mickey fragt, ob sie für ihn Modell stehen will, stimmt diese natürlich zu. Sie fühlt sich besonders geschmeichelt, dass er sie auswählt und nicht ihre schöne Schwester Helen, die ihr früher stets die Freunde abspenstig gemacht hat. Helen ist niedergeschlagen und murmelt «Ich wünschte, ich hätte eine schönere Figur.» Der diplomatische Victor lächelt sie an und antwortet: «Aber du hast ein so schönes Wesen.»

Der gemeinsame Aufenthalt der Schwestern geht schnell zu Ende. Mickey schreibt am 12. Juni 1935 an ihre Mutter:

...was mich am meisten davon abhält, Briefe zu schreiben, ist der

Aufwand, sie wegzuschicken. Der Preis der Briefmarken ändert sich alle paar Stunden und Briefkästen gibt es sowieso nicht. Ich sammle deshalb alle meine Post und bringe sie von Zeit zu Zeit ins Hotel. Der Sommer ist in Shanghai angekommen, und ich sitze hier inmitten einiger elektrischer Ventilatoren, während ein schrecklicher Lärm durch die offenen Fenster dringt; China hat Spaß daran, sämtliche Hupen, Pfeifen und Sirenen ertönen zu lassen.

Helen ist furchtbar früh heute Morgen abgereist. Ich fühlte mich etwas verlassen, als sie in der Ferne verschwand, und verärgert, als ich bemerkte, dass sie ihren weißen Mantel hier vergessen hat. Ich werde versuchen, ihn jemandem auf dem nächsten Schiff mitzugeben.[5]

Helen ist abgereist, und Mickey hat nun die ungeteilte Aufmerksamkeit von Sir Victor; ihr Verhältnis wird sehr bald intim. Damit Mickey ihn wann immer sie will auch auf seinem Hausboot besuchen kann, schenkt er ihr ein Auto. Sie kann selbst aussuchen, welches Modell sie haben möchte. Zuerst denkt sie an einen kleinen Morris, entscheidet sich dann aber doch für ein glänzendes blaues Chevrolet Coupé. Das auffallende Auto und seine unkonventionelle Fahrerin werden umgehend zum Gespräch der Stadt, aber das stört weder sie noch ihn. Während ihrer Probefahrt kollidiert Mickey zu ihrem eigenen Schrecken auf der Garden Bridge fast mit einem Rikscha-Kuli. Sir Victor verordnet ihr Fahrstunden. An Mutter Hanna schreibt sie:

Von Zeit zu Zeit macht mir Sir Victor, der netteste Mann der Welt, ein Geschenk, und ich nehme es an, ohne rot zu werden. Jeder macht es so, denn er ist auch der reichste Mann der Welt, und im Gegensatz zu Mr. Rockefeller macht es ihm Spaß, sein Geld auf diese Weise auszugeben. Ich glaube, ich bin sicher, solange ich mich davor hüte, von ihm Hilfe zu erwarten. Was meinst du?[6]

Mit Sir Victor lernt Mickey das Shanghai der Wohlhabenden kennen. Sie begleitet ihn zu den Pferderennen, wo er natürlich seine eigene Box besitzt. Vom Eröffnungstag der Rennsaison erzählt sie:

«Es gibt nichts Gleiches in der Welt außer an anderen Renntagen in anderen Städten in China. Wie sie es lieben! Sie lieben jede Art von Wetten, und das hier mehr als alles andere. Jeder ist elegant angezogen und jeder schaut zur Haupttribühne und führt sich selber vor. Die kleinen Ponys laufen kampfesmutig, eins immer schneller als die anderen, und dann wird der Gewinner herbeigeführt mit seinem groß aufgeschossenen grinsenden Jockey und das Mädchen, das ihn begleitet, lässt sich für die Zeitungen fotografieren, und wir gehen in die Boxen, um einen neuen Drink zu uns zu nehmen. An großen Renntagen laden die Boxenbesitzer zum Lunch ein. Wir haben Gäste aus Bagdad, und Türken und Perser, wodurch es immer interessant ist. Es gibt köstlich gewürzte Appetithäppchen, spezielle Currys und viele andere Speisen; eine Abwechslung zur englischen Küche. Am Eröffnungstag der Rennsaison bleiben alle Geschäfte geschlossen, ebenso die Banken. Niemandem fällt es im Traum ein zu arbeiten.»[7]

Sir Victor lädt Mickey samt Freunden auch zum Essen und Tanzen sowohl in die Räumlichkeiten seines Cathay Hotels als auch ins Ciro's ein.

Das Ciro's ist der gesuchteste Club im nächtlichen Shanghai. Von außen wirkt das elegante einstöckige fensterlose Art Deco Gebäude mit seinen weißen Wänden recht nüchtern. Betritt der Besucher jedoch den Innenraum, müssen sich seine Augen erst an die gedämpften Lichter des Vestibüls gewöhnen. Hier sind die Wände mit schwarzem chinesischem Lack verkleidet, beleuchtet von schmalen silbernen Lichtstreifen; im Foyer findet man weißes Leder und eine Vertäfelung aus australischem Walnussholz. Das Herzstück des

Nachtlokals ist jedoch der Ballsaal, ein halbes Dutzend erhöhter Tische lässt sich auf Knopfdruck herunterfahren, und der Besucher hat dann Zugang zur Tanzfläche. Es gibt Platz für 200 Gäste und von jedem Tisch aus hat man eine ungestörte Sicht auf die Bühne, wo das berühmte Henry Nathan Orchester spielt.

Dieses Nachtlokal in der Bubbling Well Road ist bei seiner Eröffnung am 5. November 1936 das eleganteste und modernste der ganzen Stadt, wenn nicht weltweit. Sir Victor hat mit dem Bau seine vertrauten Architekten *Palmer und Turner* betraut, die auch das Cathay Hotel geplant haben, denn er will nach einem ärgerlichen Vorfall, seine Macht und seinen Status bekunden. Gerne erzählt er, wie es zu diesem Bau gekommen ist.

«Eines Abends wollte ich mit Gästen den «Paramoumt Ballsaal» besuchen, und hier wies man uns einen Tisch weit weg von der Tanzfläche zu. Ich fragte den Ober nach dem Grund, und er antwortete: «Als ich sah, dass Sie mit einem Stock gehen, nahm ich an, dass Sie sowieso nicht tanzen wollen!» Ich protestierte, worauf der Ober die Unverschämtheit besaß zu antworten: «Dann bauen Sie sich doch selber einen Club!» Und ich tat es.»[8]

Shao Sinmay
1935

«Ich liebe diesen Kerl, aber es ist,
als ob man mit Quecksilber Murmeln spielt!»[1]

Emily Hahn

Ein chinesischer Intellektueller
Shao Sinmay 1935 zu der Zeit, als er Mickey Hahn kennenlernte.

Sinmay wird im Jahre 1906 als ältestes von sieben Kindern des wohl-habenden Kaufmanns Shao Heng in eine der angesehensten Familien Shanghais geboren. Sein Großvater Shao Youlian war ein hochrangiger Beamter, der als Gouverneur in Taiwan und als Diplomat in Russland akkreditiert war. Sinmay wächst im Familienwohnsitz des Shao-Clans in der *Bubbling Well Road* auf, der exklusivsten Wohngegend der Stadt

Shanghai. Der «Goldene Junge» Sinmay wird zu Hause von Privatlehrern unterrichtet und auf sein Studium in Europa vorbereitet. Er spricht Englisch, Französisch, Mandarin und Shanghailesisch.

Zum ersten Mal reist er im Jahre 1923 als Siebzehnjähriger ins Ausland. Er besucht Neapel in Italien und studiert in der Folgezeit bis 1927 an der Universität von Cambridge in England und an der *École des Beaux Arts* in Paris. Während seines Aufenthaltes in Europa trifft Sinmay mit interessanten Künstlern und Schriftstellern zusammen und lässt sich bei seinen Arbeiten von ihnen inspirieren, zum Beispiel von dem Engländer Swineburne und dem Franzosen Baudelaire, auch die Gedichte Rimbauds und Verlaines beeinflussen ihn. Gegen Ende seines Aufenthaltes in Paris veröffentlicht Sinmay (Shao Xunmei) einen Gedichtband mit dem Titel *Parade and May*.

Aufgewachsen in einer Umgebung, die das Beste vom Orient und Okzident bietet, erscheint Sinmay als der moderne Shanghaianer – welterfahren, aber innerlich noch chinesisch. Gutaussehend, wohlhabend und intelligent entwickelt er sich zum Vorläufer des *Shanghai Dandy*. Extravagant in einen lila Tweed-Anzug gekleidet saust er mit einem der beiden Familienautos, einem braunen Nash oder einem roten Sportwagen, durch die Stadt. Sinmay ist wohlbekannt in den Vergnügungsvierteln von Shanghai und lädt seine Freunde in die besten Restaurants ein, wo er sich als Kenner chinesischer und westlicher Küche zeigt. Wie es von allen Shanghai-Millionären erwartet wird, besitzt auch er eine Privatloge im Theater, und sein Erscheinen mit dem jeweils favorisierten Sing-Song-Girl[2] wird ausführlich in der Klatschpresse kommentiert. Ein Skandal erschüttert die Stadt, als Sinmay fälschlicherweise verdächtigt wird, einen Verehrer seiner Geliebten, der Schauspielerin *White Lotus*, ermordet zu haben. Man verhaftet ihn, und er brüstet sich später damit, im Gefängnis gelernt zu haben, wie man auf vier verschiedene Weisen einen Nebenbuhler umbringen kann.

Im Dezember des Jahres 1927 heiratet Sinmay seine Cousine und Jugendliebe *Sheng Peiyu*. Die Hochzeit findet im *Majestic Hotel* statt, im selben Ballraum, in dem elf Monate später Generalissimo Chiang-Kai-shek seine Allianz mit Soong-Mei-ling unterzeichnet. Eine glänzende, sorgenlose Zukunft liegt vor ihm, zumal ein kinderloser Onkel ihn zum Alleinerben einsetzt. Doch der finanzielle Wohlstand gerät bald ins Wanken. Der Vater, Shao Heng, früherer Gouverneur von Taiwan und Bürgermeister von Shanghai, lebt nun im Ruhestand und verfällt der Spielsucht. Um seine Schulden zu bezahlen, nutzt er das Familienvermögen und scheut nicht davor zurück, Ländereien zu verpfänden. Sinmay sieht sich gezwungen, selbst Geld zu verdienen. Er eröffnet eine Buchhandlung im Zentrum der Stadt. Regelmäßig erscheinen nun literarische Magazine.

Shao Sinmay und Mickey Hahn

Es ist im Frühjahr 1935, genau am 12. April, als Shao Sinmay zum ersten Mal Emily Mickey Hahn trifft. Bernadine Szold-Fritz veranstaltet wieder einmal einen ihrer kulturellen Abende im *International Arts Theater* und hat Sinmay wie gewöhnlich dazu eingeladen. Eigentlich ist er verstimmt und hat keine Lust dorthin zu gehen, denn Bernadine liebt es, ihn ihren westlichen Besuchern als chinesische Kuriosität vorzustellen. Erst kürzlich bat sie ihn während eines Besuchs in ihrem Salon, Kung Fu-Bewegungen zu erklären und zu demonstrieren. Während er sich in diesem Augenblick amüsiert an seine bewusst unglaubwürdige Show erinnert, entdeckt er eine Frau, die sich wohltuend von Bernadines üblichen weiblichen Gästen unterscheidet. Diese Dame mit jungenhaft kurzgeschnittenem glänzendem Haar, gekleidet in einen maßgeschneiderten Anzug, entspricht genau den Bohème-Damen, deren androgynes Aussehen ihn schon in Paris bezaubert hat. Doch Sinmay findet keine Möglichkeit, die Fremde persönlich zu treffen; als der Vortrag zu Ende ist, scheint sie schon gegangen zu sein.

Kurze Zeit später lädt Bernadine zu einer ihrer *integrierten* Dinner-Partys in ein Restaurant im chinesischen Teil der Stadt ein. Die Gäste sind sowohl chinesische als auch westliche Künstler, Gelehrte und Schriftsteller. Mickey und Sinmay finden sich an einem Tisch zusammen, und die junge Amerikanerin ist sehr beeindruckt von dem gutaussehenden, weltgewandten Chinesen. Nach dem Essen wartet Mickey vor dem Restaurant auf ein Taxi, als Sinmay mit seinen Freunden dazu kommt. Er fragt, ob sie mit ihnen noch auf einen Sprung zu ihm nach Hause gehen möchte. Neugierig und immer auf Abenteuer aus sagt sie natürlich zu. Mickey ist gespannt auf sein Zuhause, von dem er kaum gesprochen hat.

Sie kommen zu einer Villa im viktorianischen Stil, die inmitten eines großen Gartens steht. Das Viktorianische trifft aber nur auf die äußere Fassade zu, denn im Hausinneren erscheint alles kahl und unpersönlich. Da sind weder Tapeten noch Teppiche und kaum Möbel. Sinmay begrüßt eine schwangere Frau, um die sich mehrere Kinder scharen, welche die Ausländerin erst neugierig anstarren und dann kichern. Der Hausherr führt die Gruppe nach oben, wo es weitaus gemütlicher ist.

Diesen ersten Besuch im Hause Shao hat Emily Hahn in einer Reportage für den New Yorker eindrucksvoll beschrieben:

« *The Big Smoke* »[3]

Wir gingen in ein Schlafzimmer, in dem zwei harte, flache Liegen mit dem Kopfteil an der Wand zusammengeschoben worden waren. In der Mitte dieser weißen Laken befand sich ein Tablett mit verschiedenen, mir unbekannten Gegenständen – eine kleine silberne Öllampe mit einem Schirm, der aussah wie ein umgestülpter Glasbecher, außerdem

kleine Schachteln, und einige andere Dinge, die ich nicht zuordnen konnte. Während ich auf einem zierlichen, ausgepolsterten Stuhl Platz nahm, verteilten sich die Männer im ganzen Raum. Sie unterhielten sich ungezwungen miteinander, als seien sie zu Hause, blätterten in Büchern und kümmerten sich nicht darum, was sich dort auf der Doppelliege abspielte. Ich fand das, was sich dort tat, recht merkwürdig, starrte jedoch fasziniert hinüber.

Heh-ven (Sinmay) hatte sich mit Blick auf das Tablett auf die linke Seite gelegt und die Lampe angezündet. Einer seiner Freunde, ein kleiner stämmiger Mann namens Huaching, lag rechts neben dem Tablett, sein Gesicht Heh-ven zugewandt; mit dem Oberkörper stützten sich beide auf die ringsum liegenden Kissen. Während Hen-ven sich die ganze Zeit unterhielt, war sein Blick gleichzeitig unverwandt auf seine Hände gerichtet, mit denen er – strickte. Das dachte ich zunächst und wunderte mich, warum nie jemand erwähnte, dass Chinesen diese Kunst beherrschen. Dann sah ich jedoch, dass das, was ich zwischen den beiden Nadeln für Garn gehalten hatte, in Wirklichkeit eine Art klebrige Masse war, dunkel und dick. Als er die beiden Nadelenden umeinander drehte, verhielt sich das Zeug wie karamellisierender Zucker; es veränderte auch seine anfangs dunkelbraune Farbe und wurde langsam immer heller. In dem Moment, als es gerade fest zu werden schien, wickelte er den Klumpen um eine der Nadelenden und griff nach einem Tongefäß in der Größe einer Teetasse. Es sah einer Tasse ähnlich, außer dass es oben geschlossen war und einen Deckel mit einem Loch in der Mitte hatte. Hen-ven steckte die Nadel mit dem Klumpen in dieses Loch, zog sie wieder heraus, wobei der Klumpen in dem Loch stecken blieb, und bearbeitete ihn rasch, so dass er auf der Tasse wie ein winziger Vulkan saß. Dann nahm er ein schmales Stückchen polierten Bambus, das an einem Ende ein großes Loch hatte und mit einem ziselierten Spanstreifen versehen war. In diesen steckte er die Tasse und nahm das andere Ende vom Bambus in den Mund. Dabei hielt er die

Tasse mit dem winzigen angedrückten Klümpchen über die Flamme der
Lampe und inhalierte tief. Das Zeug blubberte und schmolz dabei, bis
nichts mehr übrig war. Blauer Rauch kam aus seinem Mund, und plötz-
lich war die Luft angefüllt von jenem Geruch, dem ich in den Straßen
Shanghais begegnet war. Plötzlich fiel es mir wie Schuppen von den
Augen. «Du rauchst Opium!», rief ich. Alle zuckten zusammen, denn
man hatte mich ganz vergessen. Heh-ven sagte: «Ja, natürlich. Hast du
das noch nie gesehen?» «Nein, aber ich finde es furchtbar spannend.»
«Möchtest du es einmal probieren?» «Oh, ja!»

Und Mickey raucht ihre erste Opiumpfeife. Es bekommt ihr gut,
sie fühlt sich wohl, und die Welt erscheint ihr aufregend und heiter.
Während sie als Jugendliche Zigarettenrauchen nicht vertrug, glaubt
sie nun, dass Opium bei ihr keine Wirkung erzielen würde. Sinmay
lässt sie auf ihre Uhr schauen, und da erkennt sie, es ist mittlerweile
schon drei Uhr nachts geworden. Er sagt:

«Siehst du, du bist seit drei Stunden in der gleichen Haltung liegen-
geblieben – du hast weder deine Arme noch deinen Kopf bewegt. Das
ist Opium – wir nennen es «da yan», den großen Rauch!»

Ein paar Tage später versucht Mickey es abermals, liegt entspannt
auf den Kissen, diskutiert mit den Männern über Literatur und Politik und vergisst dabei wiederum die Zeit. Sie lesen Cocteaus Ausführungen zu Opium und betrachteten seine Zeichnungen, welche seine
Gefühle beim Entzug wiedergeben und die Opiumpfeife fortwährend
größer und den Menschen immer kleiner werdend darstellen. Die
Pfeife breitet sich aus, wuchert, die Gliedmaßen werden zu Pfeifen,
bis man selbst nur noch aus Pfeifen besteht.

«Alles, was wir im Leben tun, sogar die Liebe, findet statt in einem
Expresszug, der dem Tod entgegen rast. Opiumrauchen bedeutet, aus

diesem Zug auszusteigen, während er weiterfährt. Es bedeutet, sich mit etwas anderem zu beschäftigen als Leben oder Tod.» Jean Cocteau, Beschreibung von Werken der bildenden Kunst, in denen sich der Mohn speziell als Heilpflanze symbolisch widerspiegelt.[4]

Mickey fühlt sich gut beim Opiumrauchen und befindet zu ihrem eigenen Zustand:

1. Ich werde nie abhängig. 2. Ich kann nicht süchtig werden, da ich zu denen gehöre, die jederzeit bestimmen können, ob sie rauchen wollen oder nicht. 3. Da es lediglich eine Frage der Willensstärke ist, kann ich jederzeit aufhören. 4. Ich bin nicht wirklich süchtig.[5]

In einem Essay, das von dem Journal *The American Mercury* angenommen, jedoch nicht veröffentlicht wird, heißt es:

Es [Opium] erweckt ein warmes Gefühl, das sich zwischen Körper und Geist ausbreitet... man ist in einer wollüstigen Stimmung, einer überschwänglichen Stimmung, einer Stimmung, in der es genügt, neben dem Opium-Tablett zu liegen und Pläne zu machen. Beim Rauchen ist nichts Sexuelles dabei, aber wenn man genug Pfeifen geraucht hat, kommt man in einen Zustand der Euphorie. Manchmal fällt man auch in einen Halbschlaf und hat traumartige Visionen, die einem vor den Augen vorüberziehen, aber nicht mit Halluzinationen zu vergleichen sind. Diesen Zustand nenne ich «Opium Schlummer».

Einmal ruhte ich mich aus und hatte einen Schuh ausgezogen und saß auf der Bettkante, als der Schlummer mich überraschte. An diesem Abend hatte ich wunderschöne Visionen. Ich erinnere mich an eine sich nähernde endlose Prozession eines Kaisers in Peking. Ich sah wie sich große Tore öffneten und hunderte Menschen marschierten. Ich sah Sedan-Stühle mit goldenen Satinvorhängen, ich sah die feinsten

Drachenstickereien mit Drachenmustern und Rosen auf den Gewän-
dern der Begleiter und die tanzenden Ponys. Peking erschien mir so
klar, als hätte ich es gesehen ... aber ich hatte Peking nie vorher gese-
hen, und als ich es dann in Wirklichkeit sah, war es kalt und farblos im
Vergleich zu meinen Träumen. – Plötzlich wachte ich auf und zog mir
schnell den zweiten Schuh aus; zwei Stunden waren vergangen, seit der
erste auf den Fußboden gefallen war. [6]

Mickey arbeitet mit Sinmay zusammen in seiner *Modern Book Publishing Company* (Modern Publications Ltd.), für die er in Deutschland eine Rotations-Druckmaschine und fotografisches Material gekauft hat. Er spezialisiert sich auf chinesische Übersetzungen von westlichen Romanen und Sachbüchern, darunter auch die *Inside* Bücher von Mickeys Freund John Gunther. Gleichzeitig erscheinen Gedichtbände mit Werken von Sinmay selbst und seinen Schriftsteller-Freunden. Sinmay Shao ist der erste chinesische Verleger, der besonderes Augenmerk auf das Design der Magazine und Bücher legt; und der sich akribisch um Layout, Bindung und Text jeder gedruckten Seite kümmert. Mitte 1935 gibt er zusammen mit Mickey als Co-Editor das zweisprachige Magazin *Vox* heraus. Es wird kein Erfolg, denn obwohl Shanghai eine zweisprachige Stadt ist, heißt das noch lange nicht, dass die Einwohner die Artikel in beiden Sprachen lesen wollen. Daraufhin beschließen Sinmay und Mickey, zwei separate Magazine mit gleichen Artikeln und Bildern herauszugeben, was erfolgreicher ist. Die chinesische Ausgabe heißt *Ziyou tan (Free Speech)*, die englische, für die Mickey zuständig ist, *Candid Comment*.

Als erfolgreichste Zeitschrift erweist sich *Modern Sketch*, ein monatlich erscheinendes Kunstjournal, dessen erste Ausgabe bereits 1924 erscheint. Mit seinem modernen Titelblatt erregt es die Aufmerksamkeit der Shanghaier Bürger, sowohl der chinesischen als

CANDID COMMENT

SEPTEMBER
1938
VOLUME ONE
NUMBER ONE

PUBLISHED MONTHLY IN SHANGHAI
BY EMILY HAHN

auch westlichen. Die Nummer 62 vom 9. Juni 1929 spiegelt die Faszination der Dekadenz wieder, die von der Literatur auf die Malerei überspringt. Die Beschäftigung mit der *femme fatale* und dem Ende der Zivilisation wird zum Hauptmotiv der Künstler, ebenso wie ihr Portrait der Stadt als einer urbanen Dystophie.

Nr. 62 1929

Mickeys erfolgreichste Publikation während dieser Zeit sind die Geschichten von Mr. Pan. Ihre Verbindung mit Sinmay bietet ihr einen Reichtum an Erlebnissen und Einsichten in das Leben der Chinesen, worüber sie berichten kann. Sie beginnt eine Serie mit witzigen und elegant geschriebenen Vignetten über einen unbeschwerten chinesischen Gentleman namens *Pan Hen-ven*, der in Wirklichkeit Sinmay darstellt.

Eine Geschichte von Mr. Pan:

Hen-ven und seine Freunde besuchten mich oft in meiner Wohnung und führten dann lange Telefongespräche, die ich nicht verstand. Zuerst dachte ich, es ginge um mich, aber bald fand ich heraus, dass alle spekulierten.

Eines Tages erschien ein studierter Mann, Dr. Han Yung-chu, nicht zu einem großen Abendessen. Hen-ven und sechs oder sieben seiner Freunde verließen den Tisch und gingen irgendwohin, um zu telefonieren. Es stellte sich heraus, dass Dr. Han all sein Geld verspekuliert hatte, dazu das Geld seiner Ehefrau und auch das ihrer Familie. Er hatte mit Goldbarren spekuliert, nun war er verschwunden und alle waren sehr beunruhigt. Seine Freunde versicherten mir: Das Schlimmste, was passiert sein könnte, wäre, dass er sich umgebracht hätte. Alle aßen weiter und telefonierten zwischendurch. Am nächsten Morgen kam Dr. Han wieder nach Hause, ein bisschen ramponiert, aber stolz lieh er sich Geld von verschiedenen Leuten und spekulierte weiter.

Die Geschichten sind so beliebt, dass sie in einem Buch mit dem Titel *Mr. Pan* zusammengefasst werden. Das Titelblatt zeigt eine Zeichnung, in der ein bärtiger Mann mit einem Stock zu sehen ist, der unter dem linken Arm Manuskripte trägt. Obwohl der Mann in ein langes traditionelles chinesisches Gewand gekleidet ist, sind seine Schuhe modern. Das soll den eingeweihten Leser darauf hinweisen, dass Shao Sinmay beide Welten in sich vereint; er spricht mehrere Sprachen, hat in Europa gelebt und studiert und ist dennoch tief verwurzelt in der traditionellen chinesischen Kultur. Für die Leser im Westen ist *Mr. Pan* etwas komplett Neues. Hier lernen sie eine moderne chinesische Familie und deren Leben im Shanghai der 30er Jahre kennen, ganz im Gegensatz zu den Büchern von Pearl S. Buck, die hauptsächlich die Lebensumstände der armen Bevölkerung Chinas beschrieben hat.

Harald Ross, Herausgeber von *The New Yorker*, ist begeistert von Mickeys Mr. Pan-Geschichten und bezeichnet die Autorin als seine *China Korrespondentin*. Da in den Vorkriegsjahren von jeder Ausgabe der Zeitschrift mehr als 172.000 Kopien verkauft werden, sind Emily Hahn und ihr *Mr. Pan* schon bald ein Begriff in weiten Kreisen der amerikanischen Gesellschaft.[9]

Familienmitglied im Hause Shao

Oft besucht Mickey die Shaos zu Hause, feiert mit ihnen Feste, nimmt an ihren Ausflügen teil und wird fast als Familienmitglied angesehen. Von den Erwachsenen erhält sie den Spitznamen *Sha Mei Lee*, was so viel wie *Duftende Schönheit* bedeutet.

10

Die Kinder nennen sie *Mickeymama*, und Peiyu, Sinmays Ehefrau, ist keineswegs eifersüchtig; sie überrascht Mickey sogar von Zeit zu Zeit mit Geschenken. Der unkonventionellen Amerikanerin gefällt dieses Arrangement gut, auch wenn sie sich zu diesem Zeitpunkt noch nicht als Zweit-Ehefrau sieht. In einer ihrer Kurzgeschichten aus dem Jahre 1935 meint eine der Protagonistinnen: *«Ich glaube, es*

ist eines der faszinierendsten Dinge, wie die Chinesen die Ehe betrach-
ten, fast wie die Franzosen, so einzigartig, so vernünftig. Die Chinesen
sind praktisch.»

Allerdings tolerieren die Ausländer in Shanghai Mickeys Verhalten
keineswegs. Während ihre Verbindung mit Sir Victor, dem millionen-
schweren Juden, noch gerade akzeptabel ist, kann die Beziehung zu
einem Chinesen nur als verwerflich beurteilt werden. Aber Mickey
kümmert sich nicht um die Meinung der anderen und pflegt ganz
bewusst ihre Eigenheiten, denn sie liebt es, extravagant im Mittelpunkt zu stehen. Sie lässt sich sogar auf eine Ehe mit Sinmay ein:

Ende 1937 Anfang 1938 weiß Mickey nicht, was aus ihrer Beziehung
zu Sinmay werden soll. An ihre Schwester Helen schreibt sie: *«Ich liebe*
diesen Kerl [Bastard], aber es ist, als ob man mit Quecksilber Murmeln
spielt!»

Zur gleichen Zeit hat Sinmay einen Plan und zwar einen, von dem
alle Beteiligten profitieren sollen. Da Polygamie unter chinesischen
Gesetzen legal ist, schlägt er vor, dass er zusammen mit Mickey
einen Notar aufsucht, bei dem beide ein Dokument unterzeichnen,
dass sie Ehemann und Ehefrau sind. Die Idee, dass es eher eine
legale Vereinbarung als eine wirkliche Beziehung ist, gefällt Mickey,
denn schließlich ist sie mit der Polygamie schon in Afrika vertraut
geworden. Mit diesem Vertrag wird sie nun ein Mitglied der Shao-Fa-
milie nach chinesischem Recht, nach amerikanischen Recht wäre die
Eheschließung natürlich null und nichtig. Peiyu überreicht Mickey
einen Jadearmreif, das traditionelle Geschenk für eine Konkubine,
und Sinmay verspricht ihr einen Platz in der Familiengrabstätte auf
dem Friedhof Yuyao[11], sollte sie in Shanghai sterben. Damit hat die
feine Gesellschaft ein neues Gesprächsthema.

Mickey wird sesshaft
1935

«Freie Wahl ist etwas ganz Besonderes!»[1]

Emily Hahn

Die eigene Wohnung

Da Mickey sich entschieden hat, in Shanghai zu bleiben, sucht sie sich eine eigene Unterkunft. Schnell findet sie ein passendes, preiswertes Zweizimmer-Apartment im Erdgeschoss einer chinesischen Bank. Das Wohnschlafgemach ist in dunkelgrüner Farbe gestrichen und über drei Wände hat ein früherer, künstlerisch veranlagter Mieter metallene Stäbe angebracht, die Bambushalme darstellen sollen. Sterne und ein Halbmond verzieren die Decke dieser ungewöhnlichen Bleibe. Durch die schmutzigen Fenster blickt man auf die belebte *Kiangse Road*. Tag und Nacht herrscht geschäftiges Treiben ringsum: zerlumpte Bettler, vorbeihastende Passanten, und Nachtschwärmer auf dem Weg zu Clubs und Bordellen in diesem berüchtigten Rotlichtviertel.

As it looks today: the building at 348–349 Kiangse Road, Shanghai, where Emily Hahn lived from June 1935 to the fall of 1937.
Gulbahar Huxur

Shikumen

Mickey liebt es, inmitten des brodelnden Lebens zu sein, und hat es nicht weit, wenn sie das chinesische Shanghai erkunden will. Einen Block nördlich ihrer Wohnung in der *Kiangse Road* eröffnet ein unauffälliger Torbogen aus braunem Backstein ihr den Eintritt in eine Welt, die weit entfernt ist von den kühlen Korridoren des Cathay Hotels und den eleganten Restaurants. Auf diesem Torbogen, dem Eingang zum *shikumen*, einem der zahlreichen Gassenkomplexe der Stadt, prangen die Schriftzeichen *Allee der drei Harmonien*. Dieser Name ist euphemistisch, denn in den engen Gassen leben die Menschen in Reihenhäusern so nah beieinander, dass es nur selten harmonisch zugeht. Die Hauptgassen sind dreizehn Fuß (knapp vier Meter) breit, gerade genug, dass eine Rikscha, aber kein Auto hindurchfahren kann; Seitengassen haben nur eine Breite von acht Fuß (knapp zweieinhalb Meter). Überall gibt es kleine Geschäfte und Handwerksbetriebe, von den Balkonen hängen Wäschestücke und viele Fahrräder lehnen an Hauswänden; es duftet nach Knoblauch, gebratenem Fleisch und medizinischen Kräutern. Als Mickey in Shanghai lebt, platzen die chinesischen Viertel aus allen Nähten, denn Flüchtlinge aus dem Hinterland haben die Wohnsituation in diesem Gassengewirr fast unerträglich gemacht. Ein Haus, das ursprünglich für eine einzige Familie gedacht war, wird mittlerweile von ungefähr 24 Personen bewohnt, zuweilen teilen sich bis zu 15 Familien eine Heimstätte. Kleine Einzelzimmer über Garküchen werden an Studenten, Schriftsteller und Unverheiratete vermietet. Erstaunlicherweise leben in Shanghai drei von vier Personen, alle außer den sehr reichen und den sehr armen Menschen, in einem *shikumen*. Da Mickey keine Berührungsängste hat und das Exotische liebt, fühlt sie sich auch in dieser Umgebung wohl.

Die Hausgenossen Mr. Mills und Chin Lien

Eines Tages im September 1935 entdeckt Mickey im Schaufenster eines Geschäftes einen Babyaffen, der an einem sehr kurzen Strick angebunden ist. Sie hat Mitleid und spürt sofort, sie muss sich um das Äffchen kümmern. Der Händler erklärt ihr, es handele sich um einen Affen aus Singapur. Ein Mr. Mills soll in Malaysia diese Affenart entdeckt und Gibbon genannt haben. Das niedliche Tierchen erinnert Mickey an Angélique, ihren kleinen Pavian im Kongo, und sie verliebt sich sofort in das putzige Äffchen. Der Händler preist es an:

«Das Tier ist noch ziemlich jung, kein Baby mehr, ungefähr im Alter eines dreijährigen Kindes. Es mag kein kaltes Wetter und es liebt Früchte, Kuchen und Insekten, besonders die Würmer, mit denen Chinesen ihre Vögel füttern. Sie können es baden, wenn Sie wollen. Ich verlange nur 170 Shanghai $ (weniger als 50 US$), das ist ein Drittel des Marktpreises, denn ich muss meinen Laden schließen; es gibt zu viele japanische Angriffe.»[2]

So viel Geld hat Mickey eigentlich nicht übrig, aber sie handelt nicht lange und verlässt mit dem Äffchen auf dem Arm und einem Käfig das Geschäft. Der kleine Gibbon, von Mickey *Mr. Mills* nach dem Entdecker der Affenart genannt, ist ungefähr 45 cm groß, hat ein beiges Fell und ein schwarzes Gesicht mit großen dunklen Augen. Er geht aufrecht, schlenkert dabei seine langen Arme und liebt es, mit Mickey zu spielen. Von nun an wird er ihr ständiger Begleiter. Sie nimmt ihn mit in die Bar des Cathay Hotels oder zum Lunch in den Chocolate Shop, einen beliebten Treffpunkt amerikanischer Schriftsteller und Intellektueller.

Schon als Mickey zum ersten Mal mit dem Affen auf ihrer Schulter erscheint, wird ihre Erscheinung mit Äffchen zur Legende. Die Journalistin und ihr Gibbon sind unzertrennlich – manche sagen «unerträglich». Mr. Mills liebt menschliche Gesellschaft, aber nicht jeder liebt Mr. Mills. Als Mickey beginnt, ihn zu Dinner-Partys mitzunehmen, zieht sie ihm Windeln an und lässt für ihn aus ihrem Nerzmantel einen Anzug schneidern. Eines Tages erhält sie von einer Engländerin eine Einladung zum Essen. Auf der Rückseite befindet sich eine mit Bleistift geschrieben Notiz: *Es tut uns leid, aber Mr. Mills ist nicht mit eingeladen.* Mickey verzichtet auf den Besuch, eine Haltung, die sie später selbst als kleinlich bezeichnet.

Natürlich bekommt Mickey Probleme, als ihr Gibbon entwischt und in Nachbars Garten plündert. Die Polizei erscheint, aber Mr. Mills, der Fremde gerne beißt, gibt sich an diesem Tag äußerst freundlich und umarmt sogar den Polizisten. So entgeht Mickey einer Strafe, muss sich nur verpflichten, im Garten einen Käfig errichten zu lassen. Damit es ihrem Liebling in der Wohnung nicht zu langweilig wird, kauft sie noch zwei junge Makaken-Affen als Gefährten. Das erweist sich jedoch schnell als Fehler, denn die beiden kämpfen mit Mr. Mills, ziehen an seinem Fell und beißen ihm in die Nase. Mickey ruft den Schreiner und lässt einen zweiten Käfig bauen.

Mittlerweile ist im gleichen Haus in der Kiangse-Straße eine größere Wohnung frei geworden, und die Tierfreundin zieht um. Nun kann sie auch einen Koch einstellen und Gäste empfangen; die Kosten sind überschaubar; das monatliche Gehalt beträgt nur fünf US$, während ein Arbeiter in USA so viel pro Stunde verdient. Chin Lien, ihr Koch, kommt aus Peking, einer Stadt, in der die Menschen eine gute Küche schätzen. Er ist einer der wenigen Köche in China, die sich noch darauf verstehen, eine besondere Süßspeise herzustellen. Es handelt sich dabei um einen ganz aus glasierten Früchten bestehenden Korb, gefüllt mit Creme-Keksen, die mit einer Wolke aus gesponnenem Zucker bedeckt sind. Außerdem kennt er Mickeys Leibgericht, einen süßen Nachtisch, wie ihn ihre Mutter in St. Louis machte. Die Gäste lieben alles, was dieser Wunderkoch zubereitet, und man fragt sich, wieso er gerade für die exzentrische Amerikanerin arbeitet. Nun, sie gesteht: Er ist sauber und ehrlich und der beste Koch der Welt, aber er hat ein ungezügeltes Temperament. Mickey versteckt sich stundenlang in ihrem Schlafzimmer, wenn Chin Lien in der Küche lautstark mit den Töpfen hantiert und seine Frau wild beschimpft. Dabei wird sein gerunzeltes Gesicht zur Maske, und er scheint vor Wut weinen zu wollen. Bald stellt sich heraus, dass er immer dann Wutanfälle bekommt, wenn er nicht genug zu kochen hat, und Mickey beginnt öfters zu Dinner-Partys einzuladen.

Nicht nur die Hausgenossen bestimmen Mickeys Tageslauf, ihre erste Entscheidung am Morgen ist, ob sie sich auf den überfüllten Bürgersteig wagen und zu Fuß zur Arbeit gehen soll oder ob sie sich für ein paar Kupfermünzen eine Rikscha mietet, die sie über den Mob erhöht. Wenn sie schnell irgendwo hin muss, macht sie es wie jeder Ausländer in Shanghai und nimmt eine Rikscha. Für viele Westler, insbesondere für die Missionare, gilt diese von Menschen gezogene Rikscha als ein sichtbares Symbol von Grausamkeit, Ungleichheit und Ausbeutung.[3] Auch sie sinniert:

Warum fürchten wir uns gerade bei Rikscha-Fahrten vor Ausbeu-
tung, wo wir als Ausländer allein schon durch das Leben in einem über-
völkerten Land wie China genug Schaden anrichten. Die Schuhe, in
denen ich laufe, wurden von einem schwitzenden Schuster hergestellt,
den ich auch noch heruntergehandelt habe, der daraufhin seinen Ärger
an seinen Angestellten auslässt, und so werden sie alle von mir aus-
genützt, genauso wie der Rikschakuli. Und deshalb, weil ich Schuhe
tragen will, benutze ich auch Rikschas, ohne viel Zeit zu verlieren mit
heuchlerischem Mitleid und bloßem Gerede.[4]

5

Auch wenn das Leben sehr preiswert ist, so braucht Mickey doch
ein ständiges Einkommen, um ihre Miete und die Lebenshaltungs-
kosten zu bezahlen. Nun hat die chinesische Regierung aber eine
Bestimmung erlassen, laut der weiße Frauen nur im *International
Settlement* arbeiten dürfen, wenn sie schon in ihrem Heimatland
einen Arbeitsvertrag unterzeichnet haben. Shanghai wäre jedoch
nicht Shanghai, wenn da nicht etwas zu machen wäre; insbesondere
wenn man die richtigen Leute kennt. Bernadine Szold-Fritz schreibt

eine Empfehlung an R.T. Peyton Griffin, den Herausgeber der *North-China Daily News* und nach einem kurzen Interview kann Mickey als Reporterin für die wichtigste Zeitung Shanghais, die gleichzeitig die älteste Zeitung Chinas ist, arbeiten. Sie soll Interviews machen und Feuilletonbeiträge schreiben. Dazu besucht Mickey Schulen, inspiziert kleine Fabriken oder bewundert die Ausstellungen russischer Künstler. Der Job ist nicht sonderlich anspruchsvoll, aber sie trifft dabei die unterschiedlichsten Menschen und kommt in Gegenden, die normalerweise nicht von Ausländern besucht werden.

Die flexiblen Arbeitszeiten als Journalistin erlauben es Mickey, zwischenzeitlich Sprachunterricht zu nehmen und auch selbst zu unterrichten. So schreibt sie an ihre Mutter:

Heute war mein erster Unterrichtsmorgen, und ich spürte das berauschende Gefühl der Macht, als ich 64 unglückliche Jugendliche in ihren Stühlen vor den Tischen sitzen sah. Aber was wichtiger ist, ich werde überarbeitet sein. Mein Plan war fünf Unterrichtsstunden wöchentlich am Customs College, aber gestern rief Dr. Wong von der Kuang Hua Universität an und fragte, ob ich die Klassen von meinem Freund Dr. Weng-Yuang-ning übernehmen kann, der eine Blinddarmoperation hat. Das sind vier Stunden mehr, auf der anderen Seite der Stadt. Aber ich mag Yuang-ning sehr und fühle mich auch geschmeichelt. Nun unterrichte ich Kreatives Schreiben, Englische Komposition, Moderne Lyrik und Shakespeare – alles in einem Semester – ich als Bergbauingenieurin mit einem Bachelor of Science. Aber ich liebe es, zu unterrichten.[7]

Einmal Taxigirl sein

Auch ohne Sir Victor oder Shao Sinmay erkundet Mickey das Nachtleben der Stadt, denn das Shanghai der dreißiger Jahre ist berühmt für seine Tanzsalons mit Taxi-Tänzerinnen. In jedem dieser

Salons gibt es Frauen einer bestimmten Nationalität beziehungsweise Hautfarbe, die zum Tanzen einladen. Sie werden mit Tickets bezahlt, welche sie am Ende der Nacht einlösen. Missionare und andere *ehrwürdige* Ausländer betrachten diese Etablissements als verrufen und die Taxi-Tänzerinnen als *Prostituierte in ausgefallenen Schuhen*. Mickey möchte natürlich wissen, wie es in den obskuren, rauchgefüllten Lokalen zugeht, und mit ihrer Freundin Betty plant sie, einen Abend lang als Taxi-Tänzerin im *FRISCO* zu arbeiten. In diesem angesagten Club verkehren hauptsächlich chinesische Soldaten und ausländische Seeleute, deren Schiffe im Hafen liegen. Ein Bekannter verhandelt die Anwesenheit der Damen mit dem Besitzer, damit die offiziellen Tänzerinnen nicht aggressiv werden.

So machen sich Mickey und Betty fertig für einen interessanten Abend, aber das Taxi-Tanzen bringt nicht so viel Spaß, wie Mickey erwartet hat. Schon als sie mit Betty die Tanzhalle betritt, merken beide, dass sie in ihrer Party-Kleidung vollkommen *overdressed* sind. Die anderen Frauen tragen Kleider, welche durch hunderte Drehungen auf der Tanzfläche und verschüttete Drinks abgenutzt und verschwitzt aussehen. Dann erscheint plötzlich Bettys Freund, der von dem Vorhaben überhaupt nicht begeistert ist, und beginnt einen Streit. Mickey hält sich zurück und konzentriert sich auf ihre Kunden, die mit einem Ticket in der Hand Schlange stehen. Selbst dem betrunkensten Seemann fällt auf, dass sie eigentlich nicht hierhin gehört. Fast alle fragen «Was machst du denn hier?», und sie erzählt ihnen eine Geschichte von Unglück und bösen Stiefmüttern. Ein schottischer Seemann ist so betroffen, dass er verspricht, sie aus diesem Milieu zu befreien. Bevor er jedoch zur Tat schreiten kann, ist er auf seinem Stuhl schon eingeschlafen.

Am Ende einer langen, ermüdenden Nacht haben Betty und Mickey eine Handvoll Tickets im Wert von ein paar amerikanischen

Dollars verdient, die sie an die angestellten Taxi-Tänzerinnen vertei-len. Bettys Freund bringt beide Frauen nach Hause, und im Rück-blick stellen sie fest, dass das Leben einer Taxi-Tänzerin nicht viel Spaß macht und für keine von ihnen in Frage kommen würde.

Man trifft sich bei Mickey

Wenn Mickey nicht unterrichtet oder für die Zeitung unterwegs ist, hat sie Besucher. Zu ihren berühmten Gästen zählen Charlie Chaplin, Joseph von Sternberg, Charles Boxer, Vicky Baum, Lin Yutang, Ernest Hemingway, Jean Cocteau, Noël Coward, John Gun-ther und viele andere.

Joseph von Sternberg

Joseph von Sternberg (1894-1969), der berühmte US-amerika-nische Regisseur österreichischer Herkunft, wurde bekannt durch seine sieben Filme mit Marlene Dietrich. Zwei dieser Filme – *Shang-hai Express* und *Im Bann von Shanghai* – spielen, wie der Titel schon sagt, im Shanghai der 30er Jahre. Auch wenn die Filme nicht dort gedreht wurden, so hat von Sternberg doch seine persönlichen Erfah-rungen in dieser kosmopolitischen Stadt gemacht und ihre Atmo-sphäre aufgesogen. Bei einem seiner Besuche in Shanghai macht er Mickey seine Aufwartung. Sie berichtet ihrer Mutter davon:

Josef von Sternberg war hier auf der Durchreise. Aufgrund seiner Bewunderung für Helen und Herbert schickte er mir einen riesigen Blumenstrauß und kam zum Lunch, wo er Sinmay traf und dann zwei Stunden lang ohne Unterbrechung über sich selbst redete.[8]

Charles Boxer

Als Charles Boxer, der Leiter des britischen Geheimdienstes in Hongkong, geschäftlich nach Shanghai reisen muss, nutzt er die

Gelegenheit, um Mickey Hahn kennenzulernen. Er hat ihre interessanten Beiträge in der chinesischen Zeitung *T'ien Hsia* gelesen, und außerdem einiges über diese unkonventionelle Frau erfahren; so lädt er sich zum Tee bei ihr ein. Während Mr. Boxer im Wohnzimmer auf Emily Hahn wartet und die Bücher im Regal studiert, hört er jemanden die Treppe herunterkommen. Er dreht sich um, um die Dame des Hauses zu begrüßen, sieht sich aber stattdessen einem Gibbon mit rotem Fez (Mr. Mills) gegenüber. Beide betrachten sich misstrauisch und sind erleichtert, als Mickey und ihre Mitbewohnerin Jean erscheinen. Bei Drinks beginnt man sich gerade zu unterhalten, da fallen wie gewohnt unangekündigt Sinmay und einige Schriftsteller ein. Es herrscht eine heitere Stimmung, aber eine tiefere Unterhaltung ist unmöglich. Charles Boxer ist enttäuscht und verabschiedet sich schnell mit dem Gefühl, dass Emily Hahn und ihre Freunde in Shanghai ziemlich verrückt sind.

Vicki Baum

Während einer Weltreise in den 1930er Jahren kommt Vicki Baum zum ersten Mal nach Shanghai und lernt bei einem von Bernadines literarischen Dinners Mickey Hahn kennen. Die beiden Damen mögen sich auf Anhieb, und es ist der Beginn einer jahrzehntelangen Freundschaft. Als Vicki ein Jahr später wieder in Shanghai ist, wohnt sie in einer Suite im Cathay-Hotel und besteht darauf, dass Mickey sie mit dem berühmten Mr. Pan bekannt macht. Mickey schreibt an ihre Mutter:

...ich habe sie zu einem Szechuan Lunch eingeladen, was ihr wahrscheinlich die Gedärme verbrannt hat. Sie hat mir herzlich gedankt und wird wahrscheinlich ein Buch über Sinmay schreiben.[9]

Reporter fragen Vicki Baum, ob sie nicht einen Roman über das Grand-Hotel in Shanghai schreiben will, aber sie antwortet:

«Ich schreibe keinen großen chinesischen Roman, das überlasse ich lieber Pearl S. Buck, die hier 20 Jahre gelebt hat.»

Dann reist Vicki Baum weiter nach der Insel Bali, die zu dieser Zeit noch ziemlich unberührt ist. Der mehrmonatige Aufenthalt führt zu einem weiteren erfolgreichen Roman. Im Kopf der Schriftstellerin hat jedoch die Idee zu einem Buch, das in Shanghai spielt, schon Form angenommen. Zwei Jahre später erscheint *Hotel Shanghai*. Die Handlung spielt in einem vornehmen Hotel an der Nanking Road mit Blick auf den Whangpoo-Fluss, das bis auf ein paar Einzelheiten genau dem Cathay Hotel entspricht. In diesem Roman führt sie neun Menschen in Victor Sassoons Hotel zusammen und lässt deren bewegende Schicksale aufscheinen. Einer der Protagonisten ist ein chinesischer Dichter, der Poet Liu, der in England studiert hat, der in Yangtzepoo lebt, in charmanten Epigrammen spricht und sich trotz seines Reichtums in schäbige Kleidung hüllt. Es ist Shao Sinmay – unverkennbar. Vicki Baum erzählt auch sehr eindrucksvoll vom Leben der armen Bevölkerung im Shanghai der 1930er Jahre; ihre Schilderung von Rikschakuli *Yen* und Ladenbesitzer *Kuei* ist exemplarisch. Im Roman hat der chinesisch-japanische Krieg gerade begonnen und bis auf den Poeten verlieren alle durch einen Bombenanschlag ihr Leben. Diese Szene beschreibt das Geschehen am «Schwarzen Samstag.»

Ausflüge mit Freunden
In die Gelben Berge / Provinz Anhui

Sinmay lädt Mickey zu einer Überraschungstour ins Landesinnere ein. Zwölf chinesische Intellektuelle, Männer und Frauen, machen zusammen einen zehntägigen Ausflug in die Gelben Berge. Für Mickey wird es eine erstaunliche Erfahrung. Bis zu diesem Zeitpunkt hat sie geglaubt, chinesische Schriftsteller führten ein geruhsames

Leben zwischen Bibliothek und Schreibtisch und entspannten sich anschließend beim Alkoholgenuss, während sie wie die alten Weisen Gedichte rezitierten. Nun erfährt sie, dass die schlanken chinesischen Mädchen Unmengen Nahrung verdrücken können und alle so fit sind, als ob sie für die Olympiade trainiert hätten.

Zu Beginn der Reise übernachtet die Gruppe im «China Travel Service Hotel», neben einer heißen Quelle, aber schon am nächsten Morgen machen sie sich auf den Weg in die Berge. In Wanderkleidung und mit Stöcken bewaffnet geht es nun täglich bergauf und bergab durch dichten Nadelwald und bis über die Baumgrenze, wo die Luft dünn wird. Hier oben fühlt Mickey sich körperlich wohl, sie ist aber gleichzeitig beschämt beim Anblick der anderen ach so sportlichen Damen. Die jungen Mädchen springen leichtfüßig die antiken, ausgewaschenen Stufen hoch, und selbst eine alte Frau über 60, die ehemals gebundene Füße hatte, überholt sie. Mickey dagegen schiebt sich mit Hilfe ihres Wanderstabes laut schnaufend in die Höhe. Nur der Gedanke, dass sie es allein durch den afrikanischen Dschungel geschafft hat, stärkt ihr Selbstbewusstsein. Am Abend kehrt man in einem Kloster ein und nach einem vegetarischen Mahl sitzen alle gemeinsam herum, erzählen Geistergeschichten oder hören zu, was die Mönche von anderen Besuchern berichten. Mickey macht der Ausflug viel Spaß, auch wenn sie im Matsch ausrutscht und sich das Handgelenk verstaucht. Die Reise endet mit einem Besuch in Hangzhou. Hier fahren alle mit einem Boot über den See und tragen dabei Gedichte vor, genau so, wie es die Poeten seit Jahrhunderten getan haben.[10]

Nach Peking – einmal und nur einmal!

Für Mickey ist jeder Ausflug, ganz gleich ob kurz oder lang, ob nah oder weit entfernt, ein besonderes Vergnügen, denn immer schätzt sie sich glücklich, Einblicke in das fremde Land und das Leben der Menschen zu erhalten. Sie ist deshalb ganz aufgeregt, als sie mit

Sinmay nach Peking fahren kann. Es ist Juli, die Zeit, während der sich die meisten Ausländer in Peitaiho am Meer aufhalten. Sinmay verbringt viele Stunden mit Studenten an der Tsing Hua Universität. Die Professoren lassen ihre Vorlesungen ausfallen, sobald sie hören, dass der berühmte Shao Sinmay auf dem Gelände ist. Und Mickey findet es himmlisch in Peking, sogar so sehr, dass sie zu sich selbst spricht: *«Falls ich mich gut benehme, dann darf ich vielleicht hierhin, wenn ich sterbe!»*

Nach Nanking

Im Sommer 1936 verliebt sich Mickey in Robert, einen britischen Marineoffizier. Robert hat zwar in England eine Verlobte und ist nicht an einer ernsthaften Beziehung interessiert, aber Mickey will das ändern. Mehrmals fliegt sie deshalb am Wochenende in Städte entlang des Jangtze, wo Roberts Boot gerade vor Anker liegt.

Im Dezember ist Robert in Nanking, und Mickey wird ihren Besuch dort nicht vergessen. Am Abend des 12.12.1936 diniert Mickey mit Robert und einigen seiner englischen Kameraden. Zwei Tage zuvor hat König Edward VIII. angekündigt, dass er abdanken wird, um die geschiedene Amerikanerin Wallis Warfield Simpson zu heiraten. Als Mickey sich während des Essens erhebt, um einen Toast auszusprechen, kommen ein halbes Dutzend Engländer auf die Beine und erheben ihr Glas in Erwartung der üblichen Ehrbezeugung für den König. Mickey dagegen erklärt mit einem schelmischen Grinsen:

«Meine Herren, ich übergebe Ihnen Mrs. Simpson!»

Keine Reaktion. Die Soldaten fallen auf ihre Stühle zurück, und nur der Kapitän murmelt: *«Die Kartoffeln, bitte...!»* Der Rest der Mahlzeit erfolgt in eisigem Schweigen. Robert macht Mickey anschließend eine heftige Szene. Erst dann wird ihr klar, dass die Engländer die

Abdankung ihres Königs nicht leicht nehmen, während es für sie als Amerikanerin nur eine amüsante Geschichte ist; insgeheim freut sie sich sogar, dass eine Landsmännin das stolze britische Königshaus durcheinander gewirbelt hat. Der sogenannte «Simpson-Fauxpas» macht natürlich die Runde in Shanghai; Mickeys Eskapaden amüsieren einige der Ausländer und erbosen andere.

Kleinwüchsige Banditen
1937

«Japaner lagen hinter der Bucht auf der Lauer.
Ich wurde mir dessen bewusst,
aber ich war glücklich.»

Emily Hahn

Mit Mary nach Nanking

Der Sommer 1937 ist sehr heiß in Shanghai, und deshalb beschließen Mickey und ihre Untermieterin Mary der turbulenten Stadt zu entfliehen und einen Ausflug nach Nanking zu machen. In der südlichen Hauptstadt ist Robert, Mickeys Freund, momentan stationiert, und dort kann man sich mit ihm und seinen Kameraden amüsieren. An einem Mittwochmorgen machen sich die beiden Frauen auf den Weg, beladen mit zwei Hutschachteln und einem Korb, in dem *Sweety Pie* sitzt. Mickey hat das Entenküken vor einiger Zeit für 10 Cents von einem Händler auf dem Bund gekauft, und es ist inzwischen zum geliebten Familienmitglied geworden. *Sweety Pie* folgt Mary auf Schritt und Tritt und macht es sich abends auf ihrem Schoß gemütlich.

Da Mary, die «Kükenmutter», der Dienerin nicht zutraut, sich richtig um das Tierchen zu kümmern, nehmen die beiden Frauen es einfach mit. Eine Rikscha bringt sie zum Nordbahnhof, und die Fahrt kann losgehen. Was aber normalerweise fünf Stunden dauert, braucht an diesem Tag 16 Stunden: zuerst fährt der Zug nicht ab, dann hält er ständig unterwegs, weil andere Züge, überfüllt mit Soldaten, in Richtung Shanghai rollen, und schließlich werden noch weitere Waggons angehängt. So ist es fast Mitternacht, als sie in Nanking ankommen. Ein müder Robert wartet auf dem Bahnsteig. Mit einem missbilligenden Blick auf Sweety sagt er:

«Ihr hättet nicht kommen sollen, es ist nicht der Augenblick, eine Vergnügungsfahrt zu unternehmen. Das war der letzte Zug zwischen Shanghai und Nanking. Die Strecke ist bei Suzhou unterbrochen. Es gibt keine Flüge und auch keine Schiffe mehr, denn der Fluss ist hinter Zhenjiang vermint.»

Mickey beruhigt Mary und meint, er übertreibe. Sie stellt lakonisch fest: «*Niemand hat uns gesagt, wir sollten nicht fahren!*» Es erstaunt die Damen auch nicht, dass es in Nanking stockdunkel ist, denn hier schläft normalerweise nach Mitternacht alles. Im Hotelzimmer amüsieren sich beide noch köstlich über ein Schild «*Hotelgäste werden vor Angriffen gewarnt. Bitte vermeiden Sie Licht und halten Sie die Jalousien geschlossen.*»

Am nächsten Tag beim Lunch auf dem Marineboot, das im Yangtze ankert, wird ihnen der Ernst der Lage jedoch bewusst. Sie erfahren, dass heftige Kämpfe zwischen angreifenden Japanern und bewaffneten Chinesen stattfinden, die versuchen, Shanghai zu verteidigen. Robert berichtet:

«*Während ihr unterwegs wart, ist in Shanghai die Situation außer Kontrolle geraten. Die Chinesen haben Dschunken in der Mündung des Whangpoo versenkt, um die japanische Kriegsflotte aufzuhalten, und nun finden Kämpfe in den Straßen von Hongkew statt. Die Japaner rächen sich für den Tod zweier Offiziere, die in der Nähe des Aerodroms erschossen wurden. Mickey, wenn du am Montag unterrichten willst, müsst ihr gleich wieder umkehren.*»[1]

Die beiden Damen folgen dem Rat, noch nicht ahnend, was ihnen bevorsteht. Die Rückfahrt wird eine Odyssee. Der Bahnhof ist überfüllt, Hunderte von Flüchtlingen und Soldaten laufen hin und her und spätestens jetzt merkt jeder, dass Krieg herrscht. Mickey und Mary finden ihr Abteil, in dem es mit einem Deutschen namens Wally, Gandhi, einem Inder in grauem Flanellanzug, einem Chinesen namens Mr. Lee und einem chinesischen Ehepaar mit zwei kleinen Jungen sehr beengt ist. Sie sitzen auf ihren Hutschachteln und füttern Sweety mit dem Proviant, den ihnen Robert noch zugesteckt hat. Wann immer der Zug hält, steigen alle aus, um der Enge zu entfliehen, um sich zu bewegen und frische Luft zu schnappen. So vergeht die Nacht. In Suzhou werden die Passagiere kurzerhand aus dem Zug geschmissen. Dann verbringen die Frauen den Morgen, auf ihren Hutschachteln sitzend, auf einem übel riechenden Feld, während Wally und Gandhi sich um die Weiterfahrt kümmern. Gegen Mittag gibt es einen Zug, der auf Umwegen nach Shanghai fahren soll. Die Reise verläuft anschließend ziemlich ruhig, da die Strecke in weitem Bogen um die Kampfhandlungen führt. Nur in der Stadt Kashing halten alle Passagiere für einen Moment den Atem an, als das Geräusch japanischer Bomber näher kommt.

Da in Shanghai Chaos herrscht, beschließen sie, schon am Südbahnhof auszusteigen. Hier drängen Soldaten und Flüchtlinge ihnen entgegen in den Zug, und nur mit aller Kraft gelingt es Mickey und Mary, sich durch die Menge nach draußen zu zwängen; auch Sweety überlebt, obwohl ihr Körbchen im Gedränge zerdrückt wird. Es dauert eine Weile, bis sie Wally, Gandhi und Mr. Lee wiederfinden. Wally gelingt es, eine Rikscha zu besorgen, die das Gepäck auflädt, und dann machen sich die Reisenden zu Fuß auf den Heimweg, stets begleitet vom Dröhnen der Bomben und den Blitzen der Flakgeschütze. Nach ungefähr vier Meilen Fußmarsch kommen sie schließlich an Mickeys und Marys Zuhause an. Die Damen laden die Männer zum Essen ein, und alle entspannen sich bei Kaffee, Cognac und Zigaretten. Erst durch Chin Lien, den Koch, erfahren sie, wie furchtbar die Situation wirklich ist. Sie sind genau zwei Stunden nach diesem schrecklichen Geschehen nach Hause gekommen, bei dem 825 Chinesen ihr Leben verloren haben, und das als «Schwarzer Samstag» in die Geschichte eingeht.[2]

Schwarzer Samstag 1937

Schwarz-Weiß-Foto des chinesisch-amerikanischen Fotografen
Wong Hai cheng

Samstagnachmittag im August 1937
Das Baby sitzt allein auf den Gleisen im Shanghaier Südbahnhof zwischen
Trümmern und Rauch von den japanischen Bomben, schreiend, geschwärzt,
zerlumpt, aber lebend.

Bomben auf das Vergnügungszentrum

Der *Great World* Komplex ist in Friedenszeiten ein turbulenter, lebensfroher, bunter Platz. Nun aber, nachdem der Krieg mit dem Angriff der Japaner auf Shanghai zurückgekehrt ist, gleicht das Vergnügungszentrum an der Ecke Thibet Road und Avenue Édouard VII eher einem summenden Bienenkorb voll menschlicher Betriebsamkeit. Auf allen Etagen, wo früher Akrobaten die Besucher unterhielten, wird nun Reis verteilt an die Flüchtlinge aus den umkämpften Gebieten Chapei und Hongkew.

An diesem sonnigen Tag Mitte August haben sich wieder unzählige Flüchtlinge auf dem Bürgersteig vor der Eingangstür des Gebäudes aufgereiht, um auf ihr Essen zu warten. Da hört man plötzlich Explosionen vom Bund her, und eine Panikwelle wogt durch die Menge. 18 Minuten später nähern sich zwei Flugzeuge aus Richtung des Whangpoo-Flusses. Beifallsrufe ertönen, denn die nach oben gerichteten Augen der Hungrigen entdecken die Insignien der Nationalisten auf den Flügeln. Da verliert eines der Flugzeuge an Höhe; es scheint beschädigt zu sein. Nun nähert es sich dem Great World Zentrum, und plötzlich fallen zwei schwarze Gegenstände aus seiner Unterseite. Die erste Bombe trifft die Verkehrsinsel mit dem indischen Polizisten, die zweite explodiert auf dem Bürgersteig. Es ist eine Szene der Zerstörung mit 570 entstellten Körpern zwischen Schutt und Asche. Man hat versucht, dieses furchtbare Geschehen, diese Verstümmelung der eigenen Bevölkerung, als eine Kombination aus Inkompetenz, menschlichem Fehlverhalten und Zufall zu erklären. Der überlebende chinesische Pilot behauptet, die Bombenhalterung sei durch japanische Kämpfer beschädigt gewesen, was zu dem ungewollten Bombenabwurf geführt habe. Andere wollen wissen, der Pilot sei von japanischen Fliegern verfolgt worden und habe, um seine Last zu verringern, die Bomben abgeworfen.

Drei Tage nach dem «Schwarzen Samstag» schreibt Barbara Miller, eine Korrespondentin der *Los Angeles Times*, einen Nachruf auf die Stadt, die sie zu Beginn der 30er Jahre besucht hatte.

Mit schöner Ironie haben die Bomben ein Mammutloch gegraben genau zwischen zwei vollbelegte Hotels, dem bei Touristen beliebten renommierten Cathey und dem alt-ehrwürdigen Palace. Shanghai, das Paris des Orients, mit mehr Cabarets, Country Clubs, verschwenderischem Leben und entwürdigender Not als irgendeine andere Hafenstadt zwischen Honolulu und Suez, gehört der Vergangenheit an.[3]

Auch Sir Victor kennt genau den Zeitpunkt, zu dem der Glanz Shanghais zu verblassen beginnt. Es ist der Nachmittag des 14. August 1937, als die Bombe in der Nanking Road explodiert und die Uhr vor dem Cathay Hotel um 4.27 stehen bleibt.

So furchtbar diese Geschehen auch sind, die Konzessionen der Ausländer bleiben zu diesem Zeitpunkt noch vom Kampfgeschehen verschont. Sobald der *Tower*, der Nachtclub des Cathay Hotels, wieder geöffnet ist, treffen sich dort die ausländischen Journalisten. Es ist der beste Platz in der Stadt, um die Kampfhandlungen in den chinesischen Gebieten zu beobachten und anschließend weltweit darüber zu berichten.

Eines Abends beschließt Mickey, sich ein Abendkleid anzuziehen und die Journalisten auf dem Dach des Cathay zu besuchen. Noch bevor sie dort oben ist, hat sie schon einen Eindruck von der neuen Ordnung, die bald in Shanghai herrschen wird.

Als ich um die Ecke kam, schritten drei Japaner selbstbewusst durch die Eingangstür. Sie trugen keinen Hut, waren klein und plump, Geschäftsleute, die ihren ersten gefahrlosen Auftritt in der Öffentlichkeit hatten, nachdem sie sich zwei Monate lang vor dem Pöbel versteckt hatten. Sie schlenderten gemächlich, schauten bewundernd auf die Stadt, schmiedeten Zukunftspläne... und dann krabbelte der einbeinige Bettler, der niemals jemanden verpasst, den Bürgersteig entlang und hielt seine Mütze hin, wie er es immer macht, und ich bin überzeugt, wie er es auch machte an dem Tag, als die Bombe 600 Menschen tötete hier in dieser Straße. Er verpasst niemals jemanden, hält mir seine Mütze hin und tut so, als ob er die japanischen Herren nicht gesehen hat.[4]

Mickey ist nicht sehr beeindruckt von den Journalisten im Tower, aber sie entdeckt eine fremdartige Schönheit in der Szene des nächtlichen Gefechts:

Überall, unaufhörlich, erschienen Lichtstreifen, so als ob eine große Katze über dunkelblauen Samt streicht; Sterne schossen von einer Seite des Fensters zur anderen, und Explosionen schickten Strahlen flüssigen Goldes in die Höhe.[5]

In den Monaten, die auf das Geschehen am «Schwarzen Samstag» folgen, sieht sich Shanghai mit einer humanitären Kriese konfrontiert. Zwölf Wochen dauern die Gefechte. Im November gibt die *Buddhistische Wohltätigkeitsgesellschaft*, die für das Aufsammeln der Leichen in den Straßen zuständig ist, bekannt, dass bis zu diesem Zeitpunkt 18.000 Tote aufgefunden wurden. Straßenkämpfe, Granatfeuer und Bombardement konzentrieren sich weiterhin auf die dicht besiedelten chinesischen Distrikte Hongkew, Chapei und Nantao. Da Tore und Brücken zu den internationalen Konzessionen für Chinesen geschlossen sind, drängen sich 100.000 Flüchtlinge aus dem Hinterland in den ehemals historischen Teil der Stadt und fallen dort zuhauf den japanischen Angriffen zum Opfer.

Sinmay muss mit seiner Familie aus Yangtzepoo fliehen, und Mickey hilft ihm, ein Haus in ihrer Nähe in der Avenue Joffre zu finden. Nun gilt es, alles Wertvolle aus dem alten Familiensitz zu retten und in die neue Bleibe zu bringen; besonders die kostbare Druckerpresse darf nicht in die Hände der Japaner fallen. Sinmay und Mickey entwerfen ein Schriftstück, das Mickey als die Eigentümerin der Presse ausweist, und dann muss sie Erlaubnisscheine bekommen, um nach Yangtzepoo zu fahren. Ihr Freund Malcolm Smythe, der Polizeikommissar, hilft ihr dabei. An der Garden Bridge werden die Ausweise kontrolliert, und es folgt ein Japaner, der aufpasst. Mickey ist entsetzt, als sie sieht, wie die verlassenen Häuser verwüstet wurden, aber im Hause Shao sind die alten Möbel unbeschädigt geblieben. Sie mietet einen kleinen Lastwagen und zwölf russische Helfer, denn Chinesen ist es nicht erlaubt zu arbeiten, und mehrere Tage fahren sie hin und zurück, um die noch brauchbaren Gegenstände aus Sinmays Heim zu retten. Bei jeder Fahrt muss die Brücke mit den Wachen passiert werden, aber alles verläuft ziemlich reibungslos. Die letzte Ladung besteht aus Sinmays wertvoller Bücherei, die nicht im Wohnhaus, sondern in einem nahegelegenen Lager untergebracht war. Zum ersten Mal ist Mickey entspannt, denn sie denkt:

«Alles geschafft! Wer von den einfachen Soldaten ist schon an alten Büchern, die zum Teil aus der Ming-Zeit stammen, interessiert?»

Wie es der Zufall will, hält jedoch an diesem Tag ein gebildeter Mann Wache, und der möchte die Bücher, sobald er sie sieht, haben. Er stoppt den Wagen und sagt, alles muss untersucht werden, um festzustellen, dass sich keine kommunistische Literatur darunter befindet. Drei bange Stunden harrt Mickey auf der falschen Seite der Brücke aus. Es ist bitterkalt, aber sie schwitzt. Schließlich ist es wieder ihr Freund, Malcolm Smythe, der Polizeikommissar, der ihr hilft. Er sendet einen Dolmetscher, der dem Wachmann erklärt, Mickey sei eine Studentin der chinesischen Literatur, und daraufhin darf sie endlich mitsamt den Büchern passieren. Die Familie Shao hat ängstlich gewartet, und als Mickey mit der wertvollen Fracht ankommt, wird ein Fest gefeiert. Chin Lien hat Mickeys Lieblingssüßspeise zubereitet, und sie darf so viel davon essen, wie sie will. In den kommenden Tagen und Wochen werden die Bücher gelüftet und auf Silberfischchen untersucht, die in tropischen Gegenden eine Plage in Büchereien sind.

Das Haus in der Avenue Joffre

Im Jahre 1937 ist die Französische Konzession, die südöstlich der Rennbahn beginnt, nur noch dem Namen nach französisch. Gerade mal 1.200 der Millionen Einwohner sind französische Staatsbürger. Ihre Anzahl wird weit übertroffen von 25.000 Weißrussen, welche die meilenlange Avenue Joffre in einen inoffiziellen *Moskau Boulevard* verwandelt haben

In Mickeys Haus in der Avenue Joffre leben im Februar 1938 mit ihr noch Mr. Mills, eine große Chow-Hündin und zwei Siamesische Katzen. Der Koch Chin Lien hat seinen eigenen kleinen Rhesus-Affen mitgebracht, und außerdem gibt es wechselnde weibliche Untermieter. Da ist zuerst Mary, mit der sie nach Nanking fährt, und später eine junge chinesische Studentin, welche Reden von Mao Zedong ins Englische übersetzt. Mickey veröffentlicht sogar einige davon in ihrer Zeitschrift «Candid Comment», nicht ahnend, welche Rolle dieser Mann einmal in China spielen wird. Die turbulente Atmosphäre im Haus wird ergänzt durch die zahlreichen Besucher, die ständig aufkreuzen. Sinmay und Mitglieder seiner Familie sind Dauergäste. Eines Tages bittet dann noch Sinmays jüngerer Bruder Huan, der General in einer Guerilla-Armee ist, die gegen die Japaner kämpft, um sicheren Unterschlupf. Die sozial eingestellte Mickey, die als Ausländerin unverdächtig scheint, hilft ihm natürlich. In einem Hinterzimmer im zweiten Stock ihres Hauses wird eine Radiostation mit einem Transmitter aufgebaut. Mickey hat niemals zuvor ein solches Gerät gesehen, weiß aber, dass damit Kontakt mit dem Hauptquartier der Untergrundkämpfer in Chongqing gehalten wird. Zwei junge Leute, ein Mann und eine Frau, arbeiten mit der Maschine. Beide sind in blaue Arbeitsanzüge gekleidet und verlassen das Haus nicht, um kein Aufsehen zu erregen. Das Essen wird geliefert. Dann wird es Mickey jedoch angst und bange. Eines Tages kommt ihr Bekannter Malcolm Smythe unerwartet auf einen Drink vorbei. Plötzlich schaut er sich überrascht um und fragt:

«Spielt dein Radio? Ich habe das komische Gefühl, als ob jemand auf einer Kurzwelle sendet oder so! Da ist es wieder. Hörst du?»

Und Mickey hört: *Gaak, gak, gakgakgak, gaaaak…*[6]

Schnell dreht sie das Radio im Wohnzimmer lauter und nutzt die nächste Gelegenheit, ihre Untermieter zu warnen. Malcolms Besuche und die Nachforschungen der Japaner verunsichern die Untergrundkämpfer, und nach einem weiteren Monat suchen sie sich eine neue Bleibe, was Mickey sehr erleichtert.

Je länger die kriegerischen Auseinandersetzungen anhalten, um so schwieriger wird für Mickey ihr Verhältnis zu den Japanern. Da ist zum einen *Shigei Matsumoto*, den sie sehr gerne mag. Der Journalist hat schon mehrere Jahre in China gelebt, spricht die Sprache perfekt, und Mickey ist überzeugt, dass er selbst auch gegen den Krieg ist. Eines Tages hört sie in Sinmays Haus ein Gespräch unter Widerstandskämpfern, in dem es darum geht, ein Attentat auf Shigei Matsumoto zu verüben. Mickey ist entsetzt, und sobald es ihr möglich ist, geht sie zum Telefon und ruft Shigei an, wohl wissend, dass sie damit ihr eigenes Leben aufs Spiel setzt.

«Lebst du noch nahe Kiangwan?» «Ja, aber ich verbringe die meiste Zeit in meinem Domei Büro.» «Ich sollte das nicht tun, doch ich mag keine Hinrichtungen. Wahrscheinlich passiert nichts, aber an deiner Stelle würde ich nicht im Dunkeln alleine nach Hause gehen.» «Ich verstehe, es ist nur natürlich. Aber da ich schon 12 Jahre hier lebe, glaubte ich, ich hätte keine Feinde. Danke, Mickey!»[7]

Mickey hält diese Freundschaft aufrecht und trifft sich fast alle vierzehn Tage mit Shigei Matsumoto zum Essen und zum Diskutieren, obwohl die Kampfhandlungen zwischen Chinesen und Japanern unaufhörlich stattfinden. Für sie gilt Shigei als ein Vertreter jener Japaner, die sie auf der Schiffsreise und in Tokio kennenlernte, und er hat nichts mit den japanischen Soldaten in Shanghai zu tun. Unglücklicherweise trifft sie ihn genau an dem Abend, der als das Massaker von Nanking bekannt wird. Auch Shigei ist erschüttert und versucht Mickey zu erklären, wie es zu solchen Gräueltaten kommen kann. Er sagt:

«Es ist die Armee. Du kannst dir nicht vorstellen, wie sie sind. Du hast nicht die armen Bauern getroffen, die jahrelang in der Armee aufs brutalste behandelt wurden. Es ist ihnen erlaubt, so zu handeln, was noch schlimmer ist, sie werden sogar dazu aufgefordert. Das ist ihre Belohnung dafür, dass sie eine Stadt eingenommen haben. Die Offiziere haben ihnen versprochen, sie dürfen drei Tage tun, was sie wollen – plündern, stehlen, brandschatzen, vergewaltigen. Das ist immer so. Nur weil Nanking so bekannt ist, hört ihr Amerikaner zum ersten Mal davon. Es ist eine unsägliche Schande, und ich erzähle dir nun ein Geheimnis: Als ich jung war und zur Armee hätte gehen sollen, habe ich mich selbst krank gemacht, um nicht eingezogen zu werden.

Ich habe ein Jahr lang gehungert, damit ich nur auf einer ganz niedri-
gen Stufe eingesetzt werden konnte. Aber jetzt gibt es kein Entkommen
mehr für einen Pazifisten.»[8]

Es ist Sinmay, der als erster von dem Gerücht hört, dass die chinesische Regierung Mickey verdächtigt, mit den Japanern zusam-
menzuarbeiten. Er hat sogar das Gefühl, dass man sie beobachtet.
Der Grund dafür sind wahrscheinlich ihre dreimaligen Treffen pro
Woche mit *Kanai*, dem Tiger, einem japanischen Offizier. Mickey
soll ihm Englischunterricht erteilen, weiß aber sehr wohl, dass er den
Auftrag hat, sie auszuhorchen. Trotzdem erscheint sie pünktlich in
seinem Hotel, denn die Bezahlung ist gut und außerdem hofft sie,
selbst etwas über die Vorhaben der Japaner zu erfahren, was sie an
ihre Freunde im Untergrund weitergeben könnte. Leider täuscht sie
sich. Ständig muss sie sich minutenlang Kanais Ausführungen über
Japans wahre Politik zum Wohle Chinas anhören. Er erklärt ihr:

«*Das hier ist eigentlich kein Krieg. Niemand hat Krieg erklärt. Das*
Problem ist, die Chinesen verstehen Japan nicht, aber bald werden sie
es tun, und dann sind alle wieder glücklich!»[9]

Mickey kann das nicht länger ertragen und beendet die Lehrtätigkeit. Kurze Zeit darauf lädt ein japanischer Journalist sie zum Lunch
ins *Metropol*, dem besten Restaurant der Stadt, ein. Dort macht er
sie mit einem «Kollegen» bekannt, der ihr ein verlockendes Angebot
vorschlägt. Es geht um ihr Magazin *Candid Comment*: Wenn Mickey
sich verpflichtet, mehr pro-japanische Artikel zu veröffentlichen,
würde der Mann so viel Werbung platzieren, dass die Kosten einer
ganzen Ausgabe gedeckt wären. Mickey lehnt ab, indem sie behauptet, keinen Einfluss auf den Inhalt des Magazins zu haben.[10]

Hafen der letzten Zuflucht

Zu politischen Aktionen ist Mickey nicht bereit, kann sich jedoch der bedrückenden Atmosphäre nicht entziehen. Täglich gibt es Feuergefechte und Bombeneinschläge. Gegen Ende des Jahres 1938 klopfen reihenweise europäische Juden, zuweilen ein Dutzend am Tag, an ihre Türe. Nach der Reichskristallnacht gibt es für die Juden in Deutschland kein friedliches Leben mehr. Da viele Länder die Schiffe mit Flüchtlingen zurückschicken, wird Shanghai nun für 18.000 Juden aus Mittel- und Osteuropa zum *Hafen der letzten Zuflucht.* Zu Beginn des Hitler-Regimes in Deutschland wurden sie von ihren Glaubensbrüdern in Shanghai noch herzlich willkommen geheißen, denn es handelte sich bei den Ankommenden um wohlhabende, gebildete Menschen, die vorausschauend ihr Heimatland verlassen hatten. Mit einem luxuriösen Kreuzfahrtschiff waren sie von Genua aus nach einer dreiwöchigen Seereise durch den Suez-Kanal, über Bombay in Shanghai gelandet. Sir Victor hatte zwischenzeitlich mit zwei anderen reichen Juden einen Fonds gegründet, aus dem für jeden der Ankommenden 400 US$ Einreisegebühr gezahlt wurde, womit gleichzeitig die Zollprüfung umgangen wurde, so dass die Flüchtlinge ihre Wertsachen behalten konnten. Zu diesem Zeitpunkt begrüßte man die Fremden am Hafen mit folgendem Transparent:

> *Willkommen in Shanghai!*
> *Ihr seid nicht länger*
> *Deutsche, Österreicher, Tschechen oder Rumänen.*
> *Jetzt seid Ihr Juden – nur Juden.*
> *Die Juden der Welt haben Euch ein Heim bereitet.*[11]

Als mehr und mehr Flüchtlinge eintreffen, die über keinerlei Vermögen oder große Wertsachen verfügen, nimmt sich Sir Victor wiederum ihres Schicksals an. Er richtet einen weiteren Fonds ein, damit jeder Fremde in Shanghai täglich frische Milch zu trinken erhält, er spendiert eine kostspielige eiserne Lunge für eines der drei Krankenhäuser, damit die Verletzten besser versorgt werden können. In einem seiner Geschäftshäuser in der Nanking Road wird ein Wohltätigkeitsladen eingerichtet, in dem Flüchtlinge ihre mitgebrachten Gegenstände verkaufen und selbst Preiswertes erstehen können. Chinesische Köche bereiten in einer Garküche täglich für 1.000 Personen ein nahrhaftes Essen zu. Sir Victor arrangiert auch ein Langzeit-Wohnrecht für 2.500 Flüchtlinge in Hongkew. Diese Gegend im von Japanern dominierten Stadtteil erhält mit der Zeit den Spitznamen *Klein Wien*. Wer Sachertorte und Strudel liebt, der ist hier richtig.

Mickey hat Mitleid mit den Neuankömmlingen, sieht aber auch den Vorteil der unglücklichen Situation. Im Frühjahr 1939 schreibt sie an ihre Eltern:

…besonders mit den tausenden jüdischen Flüchtlingen, die in letzter Zeit ankamen und immer noch ankommen. Wann immer Victor eine Anstellung für jemanden findet, ist er so glücklich, als habe er das ganze Problem gelöst. Ich habe ihn niemals so schwer arbeiten sehen... Wir haben nun viele gute Ärzte zu bezahlbaren Preisen, wir haben die besten Schneider der Welt – ich wünschte, Ihr könntet mein neues Kostüm sehen und ein graues Abendkleid – und einige der Künstler sind wunderbar. Es gibt Fotografie und Psychoanalyse – also alles. Shanghai sieht aus wie Deutschland ohne Nazis.[12]

Während die orthodoxen Juden sich besonders um die religiösen Bedürfnisse der Flüchtlinge kümmern, führt Sir Victor sein normales Luxus-Leben weiter, besucht die Pferderennen, genießt alle Feste und hält sich nicht an jüdische Feiertage und Bräuche. Anderseits aber richtet er ein Camp ein, in dem junge Männer als Mechaniker, Tischler oder Maler ausgebildet und gleichzeitig 250 gesunde Jugendliche von einem Kommandeur für die Verteidigung Shanghais trainiert werden. Mozelle Abraham, die Gattin eines streng orthodoxen Juden, sagt von Sir Victor: «*Gott wird ihm all seine Sünden vergeben in Anbetracht seiner Wohltätigkeiten.*» Dabei weiß sie nur, was er Gutes in Shanghai tut, und nicht, dass Sir Victor auf einer seiner Reisen in Südamerika 100.000 Hektar Land angekauft hat, um deutsche Juden dort anzusiedeln.

Der Wahrheit ins Auge sehen

Mickey kümmert sich nicht um die Flüchtlingssituation oder die Bomben, die fallen, denn nun ist Opium alles, was ihr wichtig ist. Sie braucht mehrere Pfeifen am Tag und der Preis steigt. Genau wie bei Sinmay klebt nun ein öliger Film auf ihrem Zeigefinger, der sich kaum mehr abwischen lässt. Es ist der Abrieb von Opiumkügelchen, die sie während des Abkühlens testet. Sinmay macht sich darüber lustig und weist sogar seine Freunde darauf hin. «*Schaut*», sagt er, «*habt ihr jemals ein weißes Mädchen gesehen, das einen Schmierfilm auf dem Finger hat?*»[13] Nun versucht Mickey, sich selbst zu beweisen, dass sie die Sucht im Griff hat, und nimmt eine Einladung von einer Gruppe Engländer zu einem Wochenende auf einem Hausboot an. Hier unter Fremden, fernab der Stadt, glaubt sie, wird es ihr unmöglich gelingen, an Opium zu kommen. Ihre Erfahrung beschreibt sie in einer ihrer autobiographischen Erzählungen so:

Nun, es war nicht so schlimm, wie ich erwartet hatte. Mir war langweilig, und ich konnte mich nicht auf das Bridge-Spiel konzentrieren, an dem ich teilnehmen sollte, aber das kann ich normalerweise auch nicht. Ich hatte eine fürchterliche Erkältung und konnte nicht schlafen;

mein Magen spielte verrückt, und meine Beine taten weh. Dennoch, es war nicht so schlimm. Ich wollte mich nicht hinlegen und schreien – es war auszuhalten. Auf dem Heimweg wurde meine Erkältung schlimmer – aber warum nicht? Leute haben eine Erkältung! Das einzig wirklich Schreckliche war, dass ich mich verloren fühlte, verirrt, nackt, zitternd in einer Welt, die mir unendlich brutal erschien. – Eine halbe Stunde nachdem ich zu Hause angekommen war, befand ich mich schon wieder in Hen-vens Haus und berichtete meinen Rauchkumpanen von den Erfahrungen. Einer fragte Hen-ven: Warum hast du ihr keine Pellets[14] gegeben? Und dieser antwortete: Das habe ich extra nicht getan, denn sie wollte erfahren, wie es wirklich ist, und die Pellets hätten den Effekt verdorben.

Wenige Wochen später wird Mickey ernsthaft krank. Sie weiß, wenn man zu viel geraucht hat, bekommt man ein paar Albträume, aber so war es diesmal nicht. Auf dem Weg von Sinmays Haus zu ihrem Heim muss sie sich übergeben, und als sie ankommt immer wieder. Chin Lien ist besorgt und ruft einen Arzt. Der Doktor ist ein Amerikaner, der schon einige Jahre in Shanghai lebt, den Mickey aber nicht näher kennt. Er untersucht Mickey und erklärt:

«Gelbsucht! Haben Sie nicht bemerkt, dass Sie gelb sind?» «Nein!» «Nun, Sie sind gelb wie eine Orange.» «Wie viele Pfeifen rauchen Sie am Tag?» «Oh, zehn, elf oder zwölf.»[15]

Der Arzt nickt, schreibt ein Rezept aus und geht. Keine Ermahnung, kein Anruf bei der Polizei, nichts. Aber Mickey weiß, dass sie nun etwas unternehmen muss – erstens, um ihre Gesundheit wieder herzustellen[16] und zweitens, weil sie geschäftlich nach Chongqing reisen muss, wo man mit ihr über die Erweiterung ihres Magazins *Candid Comment* verhandeln will. Mickey vertraut sich Bobby an, einem deutschen Arzt, der zu den Freunden Sinmays gehört und an den Treffen in dessen Haus teilnimmt, selbst aber nicht raucht. Bobby macht ihr klar, dass sie unmöglich in ihrem jetzigen Zustand reisen kann, denn die Lage ist augenblicklich so: Damit der Opiumkonsum verringert wird, hat die Kuomintang-Regierung unlängst ein Gesetz erlassen, dass den Leuten, die beim Opiumrauchen oder mit dem Besitz der Droge erwischt werden, der Tod droht. Die Durchführung wird unter Beweis gestellt, und es gibt in Zentralchina schon Massenexekutionen von Abhängigen, ganz gleich, ob es sich um Chinesen oder Ausländer handelt.

Bobby verspricht Mickey, ihr zu helfen, und zwar will er sie mit Hypnose von ihrer Abhängigkeit befreien. Sein Ziel ist es, auf diese Weise viele Süchtige zu heilen und sich damit seinen Lebenstraum zu erfüllen. Sollte das Experiment gelingen, so muss Mickey ihm versprechen, ihren ganzen Einfluss geltend zu machen, um die entsprechenden Persönlichkeiten zu überzeugen, ihn als Arzt für Opiumkranke in ganz China einzusetzen.

Der Arzt besorgt Mickey, da Eile geboten ist, umgehend einen Platz in einem Privatkrankenhaus, wo sie gleich am nächsten Morgen erscheinen soll. Dringend rät er ihr, den Termin auch wahrzunehmen und sich nicht von ihrem Freund Sinmay beeinflussen zu lassen und abzusagen. Mickey gehorcht, obwohl Sinmay Einwände hat. Sie lässt sich früh am nächsten Morgen von einem Taxi zur Klinik bringen, wo Bobby heilfroh ist, sie zu sehen. Er verabreicht ihr eine Tablette und fragt gleichzeitig, ob er während der Hypnose auch eine Psychoanalyse vornehmen dürfe. Mickey bejaht und während sich seine Stimme immer weiter entfernt, versinkt sie in einen Traum, in dem sie von hunderten weißgekleideten Chinesen[17] umgeben ist. Nach gefühlten fünf Minuten Schlaf erwacht sie wieder und glaubt, das Experiment habe nicht geklappt. Bobby weist sie darauf hin, dass es mittlerweile fünf Uhr nachmittags ist, und fragt sie dann, ob sie rauchen wolle. Erstaunlicherweise ist das Bild von Lampe und Tablett aus ihrem Kopf verschwunden.

Während der nächsten Tage schläft Mickey fast ununterbrochen und hat undefinierbare Schmerzen, Krämpfe und die altbekannten Entzugserscheinungen, aber niemals den Wunsch, Opium zu rauchen. Auf wackeligen Beinen macht sie einen kleinen Ausflug in den verwilderten Garten vor der Klinik, um der Langeweile zu entgehen. Dabei erinnert sie sich an Cocteau, der von der *Eintönigkeit des Entwöhnens* geschrieben hatte.

Nach einer Woche darf Sinmay Mickey zu einer Spazierfahrt abholen, unter der Bedingung, dass er sie nirgendwo hinbringt, wo sie rauchen kann. Und so sitzen sie einem Teehaus einander brav gegenüber und unterhalten sich. Er gesteht ihr, dass er während ihrer Abwesenheit ebenfalls versuchte, ohne Opium auszukommen. Ganze 36 Stunden lang hielt er es aus.[18]

John Gunther – Der Ratgeber

Im Frühjahr 1938 kündigt John Gunther Mickey seinen Besuch in Shanghai an. Mickey lernte John schon in Chicago kennen, als er für die *Chicago Daily News* arbeitete und ein eifriger Verehrer ihrer Schwester Helen war. Als Helen ihm den Laufpass gab, floh er nach Europa. Hier vergaß er seinen Liebeskummer, arbeitete zielstrebig und wurde noch vor seinem 30. Lebensjahr zu einem anerkannten Auslandskorrespondenten. Im Jahre 1936 veröffentlichte John sein 600 Seiten umfassendes Buch *Inside Europe*[19], das genau den Zeitgeist traf. In Amerika wollte man etwas über das Chaos in Europa erfahren, und Mickey musste anerkennen, dass es John gelang, große geopolitische Ereignisse so darzustellen, dass sie für jedermann verständlich sind.

John Gunther arbeitet zu diesem Zeitpunkt an einem Buch mit dem Titel *Inside Asia* und wird zusammen mit seiner Ehefrau Mary auf einer Studienreise von Palästina über die Philippinen nun in Shanghai Station machen. Einer von Sinmays Freunden will versuchen, für ihn ein Interview mit Ching Kai-shek zu arrangieren.

John sieht sich selbst als glühenden Anhänger von Mickeys Schreibstil, denn er glaubt an ihre Begabung und hat ihr schon in Chicago geraten, als freie Schriftstellerin zu arbeiten. Als er sie nun in Shanghai wiedertrifft, spürt er ihre innere Unruhe und Ziellosigkeit und ist gleichzeitig um ihre Gesundheit besorgt, denn sie ist dünn, blass und hat dunkle Schatten unter den Augen. Während eines Abendessens macht er Mickey deshalb den Vorschlag, eine Biografie über die *Soong-Schwestern* zu schreiben. Er macht ihr klar, dass ein Buch über diese moderne Dynastie, deren Geschichte den augenblicklichen Kampf Chinas symbolisiert, in Amerika sicher auf großes Interesse stoßen würde.

Anfangs ist Mickey nicht überzeugt von der Idee, aber überraschenderweise trifft nach einigen Wochen ein Brief ihres Agenten ein, mit der Zusage des Macmillan-Verlages für einen beachtlichen Vorschuss. John Gunther hatte in New York seine Fäden gesponnen und verkündet, Mickey arbeite schon eifrig an einer autorisierten Biografie über die berühmten Soong-Schwestern. Da will der Verlag sich schnellstmöglich die Rechte sichern, und Mickey beginnt, sich intensiv mit dem Projekt zu befassen.

Auch Sinmay findet die Idee einer Biografie der Soong-Schwestern ausgezeichnet, denn sollte das Buch ein Erfolg werden, so würde sich das auch für ihn positiv auswirken. Er verspricht Mickey, sie bei dem Projekt zu unterstützen. Da die Schwestern sehr zurückhaltend sind und keine Interviews geben, will er seine familiären Verbindungen spielen lassen. Sinmays Lieblingstante ist nämlich eine Jugendfreundin von Ai-ling (verheiratete Madame Kung), der ältesten

Soong-Tochter. Madame Kung ist außerdem im Vorstand von *T'ien Hsia*, der englischsprachigen Zeitschrift, die sich mit chinesischer Kultur befasst, und für die Sinmay und Mickey Beiträge liefern. Da die Redaktion der Zeitung nach Hongkong umgesiedelt ist und auch Madame Kung dort lebt, schlägt Sinmay vor, zusammen mit Mickey einen Ausflug in die Kronkolonie zu machen. In Vorbereitung der Reise schreibt Mickey an jede der Schwestern einen taktvollen Brief mit der höflichen Bitte um ein Interview. Von Madame Kung erhält sie eine Antwort: «*Ich glaube, Sie sind auf der Suche nach Wahrheit. Ich möchte Sie treffen!*»[20]

In der ersten Woche im Juni 1939 verlassen Mickey und Sinmay mit einem kleinen Boot Shanghai. Es ist eine interessante Fahrt mit mehreren Zwischenstopps, denn der Kapitän erklärt, er habe Waffen für die chinesische Guerilla geladen, die unterwegs angeliefert werden müssen. In Hongkong checken die beiden Reisenden im eleganten *Hongkong Hotel* am Victoria Hafen ein. Das dazugehörende Restaurant *Grips* ist ein berühmter Treffpunkt der *Peakianer*, wie die Bewohner des *Peaks*, der exklusivsten Wohngegend der Stadt, genannt werden. Sinmay fühlt sich in dieser Umgebung unwohl, denn alle Gespräche verstummen, sobald er in der langen, braunen Robe des Gelehrten, mit seinem dünnen Bärtchen und der bleichen Gesichtsfarbe eines Opiumrauchers durch die Hotelhalle schreitet.

Sinmay ärgert sich über die Chinesen, die westlich gekleidet und Englisch sprechend ihrer Arbeit nachgehen, und bemerkt, dass die britische Bevölkerung mit nur wenigen Ausnahmen ganz unter sich bleibt. Der einzige britische Bürger, den Sinmay sympathisch findet, ist Captain Charles Boxer, dem er schon einmal flüchtig in Mickeys Wohnzimmer in Shanghai begegnet ist. Charles lädt die Besucher zum Lunch in das chinesische Restaurant *Café de Chine* ein, wo die kürzlich stattgefundene Hochzeit mit Ursula Tulloh[21] nachgefeiert wird. Ausgewählte britische, europäische und chinesische Gäste

22

nehmen an zwei langen Tischen Platz. Mickey trifft hier zum ersten Mal Charles' Ehefrau und findet die hübsche junge Britin sehr sympathisch, insbesondere da Ursula ihre Artikel in *T'ien Hsia* gelesen und interessant gefunden hat. Die Gespräche sind lebhaft, das köstliche Essen reichlich, und der Alkohol fließt. Ursula gefällt die Trinkerei nicht; sie informiert ihren Ehemann, dass sie gehe und den Wagen mitnehme. Charles küsst seine Frau und feiert unbekümmert weiter. Auf gut chinesische Art geht er von Tisch zu Tisch und trinkt mit seinen Gästen *gan bei*, was so viel wie «ex» bedeutet. Mickey gratuliert ihm im Laufe des Abends zu seiner Hochzeit, und sie erhält eine erstaunliche Antwort: *«Weißt du, wenn jemand länger als vier Jahre in Hongkong lebt, wird er zum hoffnungslosen Alkoholiker oder er heiratet. Auf mich trifft beides zu.*»[23] Mickey erinnert sich später an ihn als an einen «brillanten, amüsanten, verrückten Mann» und Sinmay zeigt sich beeindruckt von dessen Sprachkenntnissen und dem Wissen über fernöstliche Geschichte.

Während Mickey auf eine Zusage für ein Interview wartet, hat sie Zeit, sich über ihre augenblickliche Situation klarzuwerden. In ihren Erinnerungen schreibt sie:

Es wurde mir bewusst, dass das Interview der Beginn von etwas sehr Wichtigem war. Ich müsste aufhören herumzuspielen und nun beginnen zu arbeiten. Meine bisherigen Tätigkeiten, das Schreiben, der Unterricht und alles andere, waren nur Beschäftigungen, das hier war die erste große Aufgabe, in die ich mich vertiefen musste. Ich würde in China eintauchen, in den Krieg und das wahre Leben. Das alles war genug, um jedem Angst einzujagen.[24]

Mickey und Sinmay reisen nach Shanghai zurück mit der *Maréchal Joffre*. Sinmay ist mittlerweile davon überzeugt, bei der Ankunft im japanisch besetzten Gebiet gefangen genommen zu werden. Er verwandelt sich deshalb in den verwestlichten chinesischen Geschäftsmann «*Mr. Tsu*». Um authentisch auszusehen, rasiert er seinen Bart ab, kleidet sich in einen Tweed-Anzug und trägt eine dunkle Brille. Mickey meint, er sehe schrecklich aus, und bemerkt zum ersten Mal, dass er zu kurze Beine hat. Aber diese Verkleidung hilft ihnen, unbehelligt an den japanischen Spionen im Zollbereich vorbeizukommen. Als sie die Französische Konzession erreichen, beschleicht Mickey ein seltsames Gefühl:

Ich kam nach Shanghai zurück mit der Ungeduld einer Verliebten und dachte an das erste Mal, als ich ankam –gelangweilt, mürrisch, schlecht gelaunt, die Tage zählend, bis ich wieder abreisen konnte. Aber

jetzt war hier eine veränderte Stadt. Diese Stadt stand allein und bela-
gert, auf allen Seiten umgeben von einem gierigen, wachsamen Feind.[25]

Nun sieht Mickey die Stadt, die ihr Heimat geworden ist, mit neuen Augen; vielleicht weiß sie unbewusst schon, dass sich ihre Verbindung mit Sinmay und Shanghai dem Ende zuneigt.

Abschied von Shanghai

Von ihrer Opiumsucht geheilt, kann Mickey ohne Furcht Shanghai verlassen. Zwar sind die Japaner, hinter vorgehaltener Hand «Zwergbanditen» genannt, allgegenwärtig, aber es werden dennoch einige Abschiedspartys gefeiert. Vor der Abreise beauftragt Mickey die Yoga-Lehrerin Indra Devi, sich um das Haus zu kümmern. Sinmay und seine Familie nehmen Mr. Mills in Pension zusammen mit einem Gibbon-Paar, das noch geliefert wird. Drei Monate plant Mickey unterwegs zu sein, und sie möchte nicht groß verabschiedet werden, da sie ja bald wiederkommt. Im Oktober 1939, einen Monat nachdem Hitler in Polen eingefallen ist, verlässt die erwartungsvolle Biografin Shanghai, fast so, wie sie vor vier Jahren angekommen ist, auf einem kleinen Dampfboot, Zweiter Klasse. Ihr streitsüchtiger Koch Chin Lien, der genug vom Haushaltsgeld beiseite geschafft hat, um eine eigene kleine Glasfabrik zu eröffnen, ist der einzige, der sie zum Hafen begleitet.

Mickey wird nicht wieder nach Shanghai zurückkehren, in diese Stadt, von der Edward Snow[26] in seinem Buch *Journey to the Beginning* sagt:

> «Es war ein faszinierendes Sodom & Gomorrha
> solange es dauerte!»

In Hongkong
1939

«Niemand von diesen Briten
hat je einen Gedanken an China verschwendet.»

Emily Hahn

Die Kronkolonie

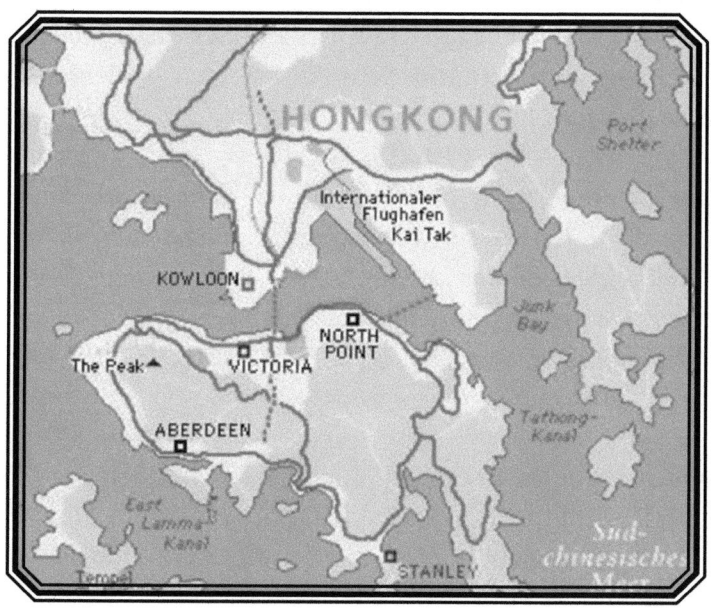

Hongkong wurde während des Ersten Opiumkrieges 1841 vom Vereinigten Königreich besetzt und durch den Vertrag von Nanking 1843 zur britischen Kronkolonie erklärt[1]. Die Stadt entwickelte sich in den kommenden Jahrzehnten zu einem bedeutenden Handelsplatz und Finanzzentrum. Für viele Chinesen wurde die Kolonie Zufluchtsort vor dem Chinesischen Bürgerkrieg von 1927 bis 1949. Die am dichtesten besiedelten Gebiete wurden die Halbinsel Kowloon und der Norden von Hongkong Island. Von Anfang an bestand eine klare gesellschaftliche und räumliche Trennung zwischen Engländern und Chinesen.

Nun ist Mickey in Hongkong, dieser britischen Kronkolonie, und sie wird sich sehr schnell der besonderen Atmosphäre bewusst. Im Gegensatz zu Shanghai ist Hongkong ein Ort, an dem die Ausländer bleiben wollen. Ältere Leute, die schon 25 oder 35 Jahre hier gearbeitet haben, planen bis zu ihrem Lebensende in dieser angenehmen Stadt zu verweilen. Sie bauen sich ein schönes Haus auf dem Peak, lassen sich von ihren chinesischen Angestellten bedienen und bleiben unter Ihresgleichen. Mickey bemerkt:

...man könnte den Tag verbringen von 11 Uhr an mit einem Drink im Grips, dann Lunch bei jemandem zu Hause, den Tee irgendwo anders und schließlich das Dinner, majestätisch auf dem Peak mit viel Kristallglas, Damast-Tischdecken und schwerem Silber, und niemand würde über den Krieg sprechen, es sei denn als von einer weitentfernten exotischen Manifestation der Eingeborenen.[2]

Es gibt nur wenige Briten, die auch gesellschaftlich mit Chinesen Kontakt pflegen. Für Mickey spielt das aber in diesem Moment keine Rolle, denn sie genießt vorerst einmal die Stadt und bereitet sich gleichzeitig auf ihre Arbeit vor.

Drei berühmte Schwestern
Bei ihrer Recherche erfährt Mickey viel Interessantes.

Die Soongs sind eine der berühmtesten Familien in China. Der Vater, **Charlie Soong**, wurde als neunjähriger Knabe nach Boston geschickt, um im Tee- und Seidengeschäft seines kinderlosen Onkels zu lernen und später dessen Nachfolger zu werden. Der Junge hatte aber andere Pläne; er wollte studieren und lief nach Abschluss seiner Lehre bei der ersten Gelegenheit weg. Als blinder Passagier versteckte er sich auf einem Schiff im Hafen von Boston, und nachdem es auf See war, bat er den Kapitän um Anstellung. Der Kapitän fand an dem strebsamen Jungen Gefallen und brachte ihn nach der Reise bei einer befreundeten Methodisten-Familie unter. Die gläubigen Gasteltern bezahlten Charlie das Theologiestudium an der *Vanderbilt*

Eling   Mayling   Chingling

Universität in Nashville, Tennessee. Im Jahre 1886 kehrt er als Priester nach Shanghai zurück. Die Restriktionen der Kirche engen den jungen Mann jedoch zu sehr ein, und er bittet um seine Entlassung, um sich anderen Aufgaben widmen zu können.

Charlie Soongs Verbindung mit den Nationalisten beginnt im Jahre 1894, als er Sun Yat-sen während eines Gottesdienstes in Shanghai trifft. Die Männer haben vieles gemeinsam; sie sind beide Methodisten, beide haben Verbindung zu den Triaden und hassen die Mandschu-Herrscher. Charlie Soong gründet einen Fonds für die Erziehung chinesischer Studenten in Amerika und schickt seine drei

Töchter zum *Wesleyan College*[3] in Georgia, eines der privilegierten ältesten Colleges für weibliche Studenten.

Ai-ling, die älteste Tochter, heiratet den an der Yale Universität ausgebildeten Bankier H. H. Kung, dessen Stammbaum angeblich bis zu Konfuzius zurückverfolgt werden kann. Ai-ling wird nachgesagt, dass sie ihre Reichtümer unbedingt in amerikanischen Banken bunkern will.

Quing-ling, die zweite Tochter, heiratet sehr zum Missfallen ihres Vaters den um viele Jahre älteren Sun Yat-sen, für den sie als Sekretärin arbeitet. Die kleine, schlanke Frau liebt einfache schwarze Seidenkleider und scheut die Öffentlichkeit. Sie ist die Schwester, deren Haltung am meisten zu den Linken tendiert. Nach dem Tode ihres Mannes im Jahre 1925 wird «Madame Sun» engagierte Fürsprecherin der frühen Kuomintang.

Mei-ling, die jüngste der Schwestern, ist die am meisten gefürchtete. Als Ehefrau von Chiang-Kai-shek übernimmt sie persönlich die Verantwortung für die Luftwaffe der Kuomintang.

Zusammen mit ihrem Bruder, Soong Tse-ven, einem Harvard-Absolventen und späteren Finanzminister, verkörpern die drei in Amerika erzogenen Mädchen Chinas starke Verbindung mit dem Westen. Die Chinesen sagen über die Damen Sun, Kung und Chiang:

Eine liebt China, eine liebt Geld, eine liebt Macht!

Erstes Treffen mit Madame Kung (Ai-ling)

Am 15. Juli 1939 ist es endlich so weit, und Mickey darf Madame Kung, die älteste der drei Schwestern, in ihrem Heim in Hongkong, Sassoon-Street (Pokfulum), besuchen. Ein Taxi bringt sie zu dem Haus auf einer Felsenklippe, das umgeben ist von Terrassen und Tennisplätzen. Mickey ist jedoch zu nervös, um die herrliche Anlage und den Blick aufs Meer zu genießen. Lächelnd wird sie von einem Hausboy begrüßt und zwei kräftige Bodyguards, die sich in der Nähe des Eingangs aufhalten, beäugen sie aufmerksam. Man führt Mickey in einen langen Raum, dessen große Fenster zur Terrasse hin zeigen. Das Mobiliar ist in zurückhaltend viktorianischem Stil und ausgesucht edel. Anwesend sind Sinmays Tante und die Sekretärin Alice Chow. Und dann kommt die Dame des Hauses, Madame Kung. Sie ist eine kleine schlanke Frau mit unglaublich zierlichen Händen und Füßen, einem zarten Teint, dunklen Augen und glänzendem schwarzen Haar, das sie in einem Knoten auf dem Kopf trägt, um größer zu erscheinen. Madame Kung lächelt und reicht Mickey die Hand.

Während sie sich anschließend unterhalten, erfährt die Journalistin, dass ihr das Interview nur gewährt wird, weil Madame Kung sich über John Gunther (Mickeys Freund) geärgert hat. Dieser Journalist hat sie niemals persönlich getroffen und es dennoch gewagt, über sie zu schreiben. In seinem Buch *Inside Asia* wird sie wenig schmeichelhaft charakterisiert: *Sie ist eine korrupte, intrigante Kapitalistin, die wie eine Tigerin im Raum auf und ab schreitet, wenn ihr etwas in die Quere kommt.*[4] Nun erwartet Madame Kung von Mickey, dass sie das negative Bild korrigiert, d. h. wenn Mickey verspricht, die Wahrheit zu schreiben, dann wird sie ihr bei dem Projekt helfen. Der erste Schritt soll ein Besuch in Chongqing sein, wo die jüngste Soong-Schwester May-ling (Madame Chiang) lebt. Bevor das Interview beendet ist, erklärt Mickey sich bereit, das Manuskript vorzulegen und nur das zu veröffentlichen, was von den Schwestern gutgeheißen wird. Nun heißt es warten, bis sie weitere Anweisungen erhält.

Chongqing im Bombenhagel

Madame Kung bleibt nicht untätig, und eines Tages erhält Mickey ein Flugticket ins «Freie China». In der zweiten Dezemberwoche, spät abends, um den japanischen Bombern zu entgehen, watschelt Mickey dick vermummt unter dem Namen «Mrs. Wang» über die Landebahn des Hongkonger Flughafens Kai Tak zu einer *China National Corporation DC-3*, die nach Chongqing fliegen wird. Die Passagiere dürfen nur wenig Gepäck mitnehmen, das Körpergewicht spielt jedoch keine Rolle, und deshalb tragen die Reisenden so viel Kleidung wie möglich übereinander. Mickey hält dazu über dem Arm noch einen Mantel für einen jungen Bankangestellten in Chongqing, dessen Vater sie in Shanghai um diese «kleine Gefälligkeit» gebeten hat, was sie nicht abschlagen konnte. Der alte Mann hat die Taschen des Mantels mit Socken, Zahnpasta, Schriftstücken und wer weiß nicht was vollgestopft. Mickeys Kleidung: zuunterst ein wollenes Kleid und eine Jacke, darüber ein Mantel, darüber ihr chinesischer Nerzmantel und zum Schluss der wattierte Seidenmantel, den Peiyu, Sinmays Frau, für sie genäht hat; ihre Füße stecken in dicken Schaffellstiefeln. So ausgestattet wiegt sie 90 Kilo, 25 Kilo über ihrem Normalgewicht, fühlt sich wie ein Tiefseetaucher und bewegt sich auch so. Als sie schließlich in ihrem Sitz eingeklemmt ist, weiß sie nicht, ob sie im Notfall schnell genug wieder herauskommt. Aber da hebt das Flugzeug schon ab in einen dunklen, sternenbesetzten Himmel und in eine ungewisse Zukunft.[5]

Die japanischen Luftwaffenpiloten müssen während dieser Nacht geschlafen habe, denn die DC3 landet nach einem ruhigen Flug pünktlich am Ziel. Der erste Blick auf Chongqing ist beeindruckend.

Die Stadt liegt auf einer Halbinsel im Jangtze-Fluss und ist umgeben von schützenden Mauern, wie ein großes feudales Dorf – überbevölkert, verraucht und schmutzig. Sechs Monate im Jahr ist es in der Provinz Sichuan regnerisch und finster. Im Rest des Jahres ist das Wetter heiß und feucht. Aber Chiang Kai-shek hat die Stadt nicht wegen guten Wetters zu seiner Kriegshauptstadt gemacht, sondern weil der Winternebel die Attacken der japanischen Bomber verhindert. Außerdem bieten die Felsspalten natürliche Luftschutzbunker für die Bevölkerung.

Mickey soll am Flughafen abgeholt werden, aber ihr Führer hat verschlafen, und ihre Rickschafahrer haben Schwierigkeiten, das Hostel zu finden, in dem sie untergebracht ist. Die primitiven Verhältnisse von Unterkunft und Stadt stören sie nicht, denn wichtig ist für sie nur das Treffen mit Madame Chiang. Schon nach kurzem Aufenthalt wird sie von William Henry Donald, dem Berater der Familie, zum Tee eingeladen, und er verspricht ihr, ein Treffen für ein Interview zu arrangieren. Am nächsten Morgen wartet vor dem Hostel ein Wagen auf sie.

Die Chiangs leben in einem Zehn-Zimmer-Haus im Edwardian-Stil, das der Familie Kung gehört. Das Anwesen ist von einer dicken Mauer umgeben und Wachsoldaten patrouillieren. Mickey ist beeindruckt von Madame Chiangs Schönheit. Genau wie ihre ältere Schwester, Madame Kung, ist sie zierlich und hat auffallend große Augen. Sie kleidet sich einfach, aber mit Stil, und zeigt eine kühle Zurückhaltung. Jedes ihrer Worte, die sie in Gegenwart von Fremden, insbesondere von Journalisten äußert, ist von W. H. Donald vorgegeben, nichts dem Zufall überlassen. Als sie mit Mickey jedoch über John Gunthers Buch *Inside Asia* spricht, fällt es ihr schwer, ihren Ärger zu unterdrücken. In diesem Moment werden sie jedoch unterbrochen, denn der Generalissimo, nicht ahnend, dass seine Frau

Besucher hat, betritt das Wohnzimmer. Er ist sichtlich beschämt, dass Mickey ihn in Hausschuhen sieht, verbeugt sich und verlässt mit einem «Hao, hao, hao» (gut, gut, gut) den Raum. Madame Chiang lächelt und erklärt: «Er hatte seine Zähne nicht an. Nehmen Sie bitte Platz, Frau Hahn!» Das Eis ist gebrochen, und bald unterhalten sich beide Frauen fast wie gute Bekannte. Madame Chiang verspricht zu kooperieren und Korrektur zu lesen, solange die drei Schwestern im Buch objektiv beschrieben werden.

Aus Mickeys geplantem Wochenendausflug nach Chongqing werden lange zehn Wochen. In dieser Zeit kann sie recherchieren und schreiben; sie schickt Sir Victor die ersten Kapitel des Manuskripts zur Begutachtung. Seine Antwort, auf Briefpapier des Cathay Hotels geschrieben, ist vernichtend.

Das ist nicht lebendig. Wir sind nur an den Mädchen interessiert... wir wollen wissen, was sie voneinander halten... wir wollen wissen, was Ai-ling gefühlt hat, als sie die Nanking-Straße hinunterschritt in ihrem amerikanischen Kostüm und dem Straußenfeder-Hut. All der geschichtliche Hintergrund lässt mich einschlafen.[6]

Trotzdem freut sich Mickey über die ehrliche Aussage und weiß nun, dass sie sich ganz auf persönliche Treffen und Gespräche mit den Schwestern konzentrieren muss. Sie zerreißt den ersten Entwurf und beginnt von Neuem. Eifrig tippt sie auf ihrer Hermes Featherweight-Schreibmaschine, die sie von Hongkong mitgebracht hat.

Oft kommt Mickey nun mit Madame Chiang zusammen und begleitet sie zu diversen Einladungen, Schulbesuchen und Wohltätigkeitsveranstaltungen; fast werden sie Freundinnen. Bei diesen Unternehmungen ist zum Schutz von Madame Chiang auch stets ihr Bodygard, Morris Cohen, dabei. Vor dem Krieg mit all seinen Schrecken kann er jedoch niemanden bewahren, denn sobald das Wetter sich bessert, der Regen aufhört, es Frühling wird, kommen auch die japanischen Bomber, wilde, riesige Moskitos. Fast jeden Nachmittag erscheinen sie in vier Schwärmen; jeweils 150 Flugzeuge stoßen durch die Wolken und attackieren die Stadt. Zu jedem Gebäude gibt es hier einen Unterschlupf, der bei Alarm sofort aufgesucht werden muss. Als jedoch dieser Alarm einmal versagt, sind tausende Menschen in den Straßen gefangen, werden von Splittern getroffen und verbrennen in aufspringenden Feuern.[7] Mickey und einige ihrer Freunde beobachten die täglichen Angriffe meist vom relativ sicheren Südufer des Jangtze aus, einem Gebiet, in dem Engländer, Europäer, amerikanische Diplomaten und Missionare in nach westlicher Art gebauten Häusern leben. Laut einer Vereinbarung sollen die Japaner diese «diplomatische Zone» verschonen, aber es ist unsicher, ob man den Piloten trauen kann. Die Japaner bombardieren ständig militärische Einrichtungen und Regierungsgebäude auf der anderen Seite des Flusses im zwei Meilen entfernten Chongqing. Mickey beschreibt einen der Luftangriffe:

Die erste Schar der Flugzeuge kommt flussaufwärts wie eine Schule silberner Fische, die im Blauen schwimmen. Eine Ladung Bomben fällt zwischen uns und der Stadt ins Wasser, einige mehr auf den Strand, in die Stadt. Es gibt schreckliche Detonationen, und rote Flammen flackern in den plötzlich erscheinenden Blumen aus Rauch und Schutt.[8]

Der Krieg beschäftigt sie so sehr, dass sie ihre Gefühle in einem Gedicht ausdrücken muss:

Bist noch bei mir, Geist? Noch eine Stunde
stehen wir im Eisenregen unterm Himmel,
ein Puff aus Rauch folgt dem Insektenflug,
ein letztes Krachen echot aus der Höhe –
die Deutschen nahmen wieder eine Stadt zur Nacht.
Die Deutschen stehen wieder im Schlamme Flanderns
und ich bin elend, gefangen und krank, und ich
bin machtlos, meinen Sterbeplatz zu wählen.
Ich irre durch die Straßen, zerfetzte Körper liegen
hingestreckt: fremdes Blut fließt in der Gosse.

O Geist, bleib noch ein Weilchen mit mir, ich muss
leiden, bevor ich diese chinesische Erde teile:
Noch einmal, das Gesicht gen Himmel erhoben
muss ich nach Bomben und nach Feuer rufen,
mein Blut zu kühlen.[9]

Die Biografin

Völlig überraschend erhält Mickey Mitte Februar einen Anruf von W. H. Donald mit der Nachricht, dass Madame Chiang nach Hongkong reisen werde, und sie solle es gleichfalls tun. Umgehend packt sie, und das ist einfacher als üblich. Ein ungeschriebenes Gesetz besagt nämlich: Jeder, der Chongqing verlässt, nimmt nur das mit, was er unbedingt noch braucht. Als Mickey das Flugzeug besteigt, hat sie deshalb nur einen leeren Koffer, ihre alte Hutschachtel, die sie während der letzten zwölf Jahre auf allen Reisen begleitet hat, ihre tragbare Schreibmaschine und ein paar Toilettenartikel. Ein chinesischer Freund schnappte sich vorher noch ihre Zahnbürste und erklärte, er werde sie auskochen und verwenden, denn ausländische Zahnbürsten sind wertvolle Gegenstände im kriegsgebeutelten Chongqing.

Mickey sitzt während des Rückflugs die meiste Zeit mit dem Piloten im Cockpit und darf sogar manchmal das Steuer übernehmen. Der Anblick der hell erleuchteten Stadt Hongkong lässt ihr Herz schneller schlagen. Nun wartet sie hier auf weitere Instruktionen der Soongs. Ein Jahr hat sie bisher mit dem Manuskript verbracht, und sie muss nur noch das letzte Kapitel schreiben. Während sie wartet, genießt sie das Leben ohne feindliche Angriffe und schreibt an ihre Mutter:

Hongkong ist immer noch der Treffpunkt der Welt. Ich treffe immer noch, wenn ich in die Stadt gehe, Leute, die ich von früher her kenne. Außerdem war ich beim Friseur, hatte eine Maniküre, einige Essenseinladungen, sah einen Film und habe wild getanzt, um all das Versäumte nachzuholen.[10]

Charles und Ursula Boxer gehören zu den wenigen Ausländern, welche die Stadt noch nicht verlassen haben. Eines Abends trifft Mickey bei ihnen den charmanten Royal Air Force Offizier Alf Bennet wieder, der sie schon einmal in Shanghai besucht hat. Die beiden verstehen sich ausgezeichnet, besonders da Mickey temperamentvoller ist als die englischen Ladies, die er kennt. Wann immer er nun mit ihr unterwegs ist, singt er «*My girl's a corker; she's a New Yorker*» und man geht mit den Boxers zu viert aus.

Endlich lässt Madame Kung Mickey wissen, dass sie mit ihren beiden Schwestern im berühmten Restaurant *Grips* speisen wird. Da man in der Kolonie munkelt, die Schwestern seien verfeindet, ist dieses gemeinsame Auftreten in der Öffentlichkeit eine politische Aussage. Alf begleitet Mickey am Abend ins Restaurant, und da sind tatsächlich die Soong-Schwestern, zusammen mit W. H. Donald, ihrem Berater, und einigen anderen Gästen. Aber diese Beobachtung bringt Mickey nichts Wesentliches für ihr Buch, und sie ist ziemlich deprimiert. Dann sitzt sie eines Abends bei einem Pokerspiel in der Lobby des Hong Kong Hotels und Morris Cohen, der Frau Sun nach Hongkong gefolgt ist, bemerkt sie. Mickey hat sich schon einige *Ox Blood-Cocktails*, eine Mischung aus Cognac, Champagner und Burgunder gegönnt, und kann einer Einladung zum Poker-Spiel nicht widerstehen. Feierlich nimmt sie Platz am Tisch mit den «schärfsten Haien» im Fernen Osten. Und dann macht Morris Cohen etwas, wofür sie ihm ewig dankbar sein wird. Er lässt sie eine Minute lang spielen und sagt dann: «*Steh auf, Mickey, und geh nach oben!*» Sie gehorcht ihm.[11]

Cohen bewacht im Hong Kong Hotel nicht nur Mrs. Chiang und Mickey, sondern er lernt auch Ernest Hemingway kennen, der mit seiner frisch angetrauten Ehefrau, Martha Gellhorn, während der Hochzeitsreise dort logiert. Martha Gellhorn ist Journalistin und hat den Auftrag, für *Collier's Magazin* über den Krieg zu berichten. Morris Cohen arrangiert für das Ehepaar ein Treffen mit Mrs. Sun, die Hemingway später als die einzige anständige der drei Soong-Schwestern beschreibt. Mehr als Sun Yat-sens Witwe beeindruckt ihn jedoch Morris Cohen selbst mit seinen extravaganten Geschichten. Die beiden Männer planen sogar, ein Buch über das Leben des «Generals» zu schreiben, wozu es dann doch nicht mehr kommt.

Da Mickey in Hongkong mit ihrer Arbeit nicht vorankommt, entscheidet sie sich, nach Shanghai zurückzukehren. Sie bucht für Ende März eine Passage, doch als sie gerade beim Kofferauspacken in ihrer Kabine ist, erscheint Madame Kungs Sekretärin und fordert sie auf, zurück an Land zu kommen. Madame Kung findet es für Mickey zu gefährlich, nach Shanghai zu reisen, da die Japaner sie wegen ihrer Nähe zu Chiang Kai-shek gefangen nehmen könnten. Gleichzeitig erfährt Mickey, dass alle drei Schwestern am nächsten Tag nach Chongqing reisen werden, und zwar gemeinsam, um abermals ihre Einigkeit unter Beweis zu stellen. Madame Kung verspricht, Mickey zu benachrichtigen, zu welchem Zeitpunkt sie nachkommen könne, da die Begegnung mit allen Soong-Schwestern doch das perfekte Ende ihres Buches sei.

Nun verbringt Mickey einige Wochen wartend. Zu diesem Zeitpunkt sind viele Ausländer, auch die Frauen und Kinder der britischen Soldaten, in Anbetracht der Kriegsgefahr nach Singapur und Australien evakuiert worden. Zwei Tage bevor sie nun wieder nach Chongqing reisen soll, nimmt Mickey an einem Essen in einem chinesischen Restaurant teil. Ursula und Charles Boxer sind auch anwesend, und als es zu laut wird, erhebt sich Ursula wie gewöhnlich von ihrem Stuhl und informiert Charles, dass sie geht. Der sagt «Okay!», trinkt und unterhält sich weiter mit Mickey. Am nächsten Abend ist Mickey bei den Boxers zu Hause eingeladen. Ursula nimmt sie zur Seite und gesteht:

«*Mickey, ich gehe nach Australien. Ich brauche Ruhe und muss mich erholen, denn es ging mir in letzter Zeit nicht gut. Kannst du dich um Charles kümmern. Ich habe Angst, er macht Blödsinn, besonders wenn er mit Alf zusammen ist.*»

Mickey erwidert, dass sie ja nach Chongqing reisen werde, worauf Ursula sagt: «*Aber du kommst wieder! Einer Blonden würde ich nicht trauen.*»[12]

Endlich wird Mickey mitgeteilt, dass sie wieder nach Chongqing reisen kann. Am Flughafen holt sie Teddy White, ein Journalisten-Freund, ab und informiert sie sogleich über die letzten Nachrichten und den neuesten Klatsch. In der Stadt spekuliert man über die Versöhnung der drei Soong-Schwestern und ihre Rückkehr nach Chongqing. Drei Tage nach der Ankunft der Damen beginnen die Japaner wieder mit einer heftigen Bomber-Offensive. Spione haben ausfindig gemacht, wo die Familie Chiang untergekommen ist, und ihr Haus wird nun zur Zielscheibe. Unglücklicherweise liegt dieses Haus in der Nachbarschaft von Mickeys Hostel, und als sie eines Tages aus dem Luftschutzbunker kommt, findet sie nur noch Trümmer vor. Wütend sucht sie nach ihren Sachen, denn all ihre Unterlagen und Fotos für das Soong-Buch waren im Zimmer, einzig das Kapitel, an dem sie augenblicklich schreibt, ist ihr geblieben. Glücklicherweise findet Mickey Unterkunft in einem nahegelegenen Hotel und überwacht von dort aus die Aufräumarbeiten. Was sie kaum für möglich gehalten hat – die chinesischen Arbeiter finden nach einer Woche ihren Koffer. Er ist verbeult und mit grünem Schimmel bedeckt, aber der Inhalt ist noch perfekt erhalten.

Die Familie Chiang ist auf die Südseite des Jangtze geflohen und Mickey folgt ihnen. Bekannte laden sie ein, mit ihnen zusammen in einem großen Haus zu wohnen, das der *Asiatic Petroleum*

Corporation gehört. Hier findet Mickey Bequemlichkeit und Ruhe zum Schreiben. An vielen Nachmittagen des Sommers 1940 besucht sie Madame Chiang in ihrem Haus, das versteckt zwischen Bäumen auf einem Hügel liegt. Die beiden Frauen verstehen sich weiterhin gut; sie diskutieren über Bücher und Schreiben, aber nie über Politik oder den Krieg. Madame Chiang hat mittlerweile Teile von Mickeys Manuskript gelesen, weiß, dass sie der Journalistin trauen kann und unterstützt sie deshalb auch.

An einem frühen Morgen Ende Juli hat Mickey das Werk beendet. Sie zittert vor Aufregung als sie *The End!* tippt, läuft aus dem Zimmer und ruft laut «*Fertig!!!*» Niemand scheint wirklich beeindruckt zu sein, denn in einem Haus voller Geschäftsleute ist eine Journalistin kaum mehr als eine gelegentliche Abwechslung. Nun muss sie nur noch Korrektur lesen und einige Verbesserungen machen. Es ist der 24. August 1940, als Mickey einen Brief an ihren Agenten schreibt:

Ich warte hier auf den letzten Luftangriff, bevor ich zum Flugfeld eile und nach Hongkong fliege. Es war eine höllische Woche. Hier sind die letzten Kapitel... Das ist kein vernünftiger Brief, aber es gab gestern eine Abschiedsparty für mich, die bis zum Morgen dauerte, denn ein neuer Mann kam mit NACHSCHUB an – richtigem Whisky, Medizin und so weiter – und wir haben den Whiskey zuerst probiert und dann die Medizin.[13]

Nachdem das Buch beendet ist, fühlt Mickey sich ausgepumpt und leer. Sie ist 35 Jahre alt, hat weder Heim noch Besitztümer und wenig Geld. Ihre Schuhe sind abgetragen, ihre Zähne brauchen Behandlung und sie fühlt sich allein und ungeliebt. Die Beziehung mit Sinmay ist zu Ende, und der einzige, der vielleicht noch auf sie wartet, ist Patrick in Afrika. Sie reflektiert:

Dieses Buch ist nicht nur ein weiteres Buch. Es war mein Leben. Wegen dieses Buches habe ich kein Zuhause mehr, habe meine Wohnung aufgelöst, meine Gibbons und Sinmay verlassen, habe unter vielen Unannehmlichkeiten gelitten und mein Leben in Gefahr gebracht... das Manuskript ist für all das verantwortlich, es hat mich 18 Monate lang an der Nase herumgeführt.

Es ist Zeit, etwas Neues zu beginnen.[14]

Emily Hahn und Charles Boxer
1940

«Es war mir von Anfang an ernst mit Charles,
noch bevor es richtig anfing,
und das war etwas ganz Neues für mich.»

Emily Hahn

Charles Ralph Boxer

Charles Boxer erblickt am 8. März 1904 in Sandown auf der Insel Wight/Großbritannien das Licht der Welt. Er ist der jüngste Spross einer der berühmtesten Militärfamilien im britischen Königreich; mindestens vier Generationen vor ihm haben als Offiziere gedient. Der Junge ist intelligent und neugierig, aber kein Kämpfertyp. Seine Mutter Jeannie setzt sich dafür ein, dass er ein katholisches Internat für Mädchen aus Adelskreisen besucht. Der Unterricht fällt ihm leicht, da er ein außergewöhnliches Gedächtnis hat und eine Vorliebe für fremde Sprachen. Zuerst bringt er sich selbst Portugiesisch bei und mit 17 Jahren beginnt er mit dem Studium der japanischen Sprache. Da der verstorbene Vater Hugh Boxer bestimmt hat, dass seine beiden Söhne zur Armee gehen sollen, besucht Charles die Königliche Militärakademie in Sandhurst, die er 1923 mit dem Rang eines

2. Leutnants abschließt. Er wird in das ehemalige Regiment seines Vaters versetzt, aber das Leben als Soldat macht ihm keine Freude. 1930 bewirbt er sich für ein Anglo-Japanisches Offiziers-Austausch-programm und reist nach Tokio, wo er ein Jahr lang Japanisch lernt. Die folgenden zwei Jahre verbringt er in einer Einheit der japanischen Armee. Während dieser Zeit vervollkommnet Charles seine Sprach-kenntnisse, nimmt Einblick in die Kultur des Gastlandes und übt sich in verschiedenen Kampfsportarten. Zurück in England arbeitet Charles für den Geheimdienst und studiert nebenbei Fernöstliche Geschichte. Zu diesen Themen hält er Vorlesungen und veröffent-licht Schriften. Bei einem dieser Vorträge lernt er Alf Bennet kennen, mit dem er später in Hongkong eng befreundet sein wird.

Charles wird im Januar 1936 nach Hongkong versetzt. Im Rang eines Majors bestellt man ihn zum Leiter des britischen Geheim-dienstes. Aufgrund seiner Sprachkenntnisse fungiert er fortan als Verbindungsmann zwischen den britischen Kommandeuren in Hong-kong und ihren japanischen Gegnern hinter der Grenze im besetzten China. In seiner Freizeit frönt er seinen Hobbys. Charles ist interes-siert an Geschichte und befasst sich zu diesem Zeitpunkt intensiv mit holländischem und portugiesischem Handel im 18. Jahrhundert. Einige seiner Artikel erscheinen in der Zeitschrift *T'ien Hsai*, in wel-cher er auf Beiträge von Mickey Hahn stößt, die ihm sehr gefallen. Deshalb erkundigt er sich bei einem Redakteur, wer die Autorin ist, und wo sie lebt. Bei einem geschäftlichen Besuch in Shanghai 1936 sucht er sie auf und hat danach gemischte Gefühle, was ihre Person und ihre Lebenshaltung betrifft.

Zurück in Hongkong mietet Mickey sich im vornehmen Gloucester Hotel ein, besucht einen Friseur und kauft ein neues Kleid.

Nun fühlt sie sich wieder wohl und trifft sich schon am ersten Abend zum Essen mit Charles Boxer und seinem Freund Max Oxford. Die drei unterhalten sich lebhaft und beschließen, das Treffen in einem Geisha-Haus zu beenden. Max legt sich auf die Tatami-Matte und schläft sofort ein, während Mickey und Charles nicht aufhören können zu erzählen. Es ist der Abend, an dem Mickey sich in Charles verliebt. Von nun an sehen sie sich oft, und Charles gefällt die lebhafte, witzige, abenteuerliche Frau immer besser. Als Mickey ihm eines Tages, gestärkt durch Whiskey, ihre Gefühle offenbart, ist Charles nicht erstaunt, denn es geht ihm genauso. Daher schlägt er Mickey vor, dass sie in Hongkong bleibt, und er sucht ihr auch gleich ein Appartement in den Tregunter Mansions/May Street auf halber Höhe des Peaks. Dort lebt er selbst.

Für Mickey beginnt ein neues Leben, denn die Hongkong-Etikette verlangt, dass sie mindestens drei Bedienstete hat: einen Hausboy, der kocht, einen Helfer fürs Grobe und eine Waschfrau. Charles überlässt ihr seinen eigenen Hausboy, den schon fast fünfzigjährigen Ah King, und überzeugt sie, auf Dauer in Hongkong zu bleiben. Gleichzeitig verspricht er ihr, dafür zu sorgen, dass die Gibbons von Shanghai gebracht werden.

Ein Freund in Shanghai verschifft Mickeys persönliches Hab und Gut. Auch Mr. Mills und zwei andere Affen, die Sinmay für sie besorgt hat, gehen mit auf die Reise. In Hongkong hat Mickey inzwischen zwei weitere junge Gibbons gekauft, so dass sie nun einen kleinen Zoo besitzt, sehr zum Verdruss ihrer Nachbarn und Hausangestellten. Als die fünf Affen Ah King in der Wohnung zu viel Unruhe schaffen, baut er ihnen aus Hühnerdraht einen Verschlag auf dem Balkon. Das erweist sich nur teilweise als erfolgreich, denn Mr. Mills gelingt es immer wieder zu entkommen, und seine Neugier bringt ihn ständig in Schwierigkeiten. Mickey schreibt in einem Artikel für den *New Yorker*:

Normalerweise klettert er eine Wand hoch und schlüpft durch ein offenes Fenster. Nach einer schrecklichen Pause ertönt ein Schrei, ein Krachen oder beides, und kurz danach kommt er aus dem Fenster, sagt nachdenklich zu sich selbst «Oop, oop», und steigt dann höher zu einem anderen offenen Fenster.[1]

Trotz neuer Liebe knüpft Mickey nicht nur im häuslichen Leben an ihre alten Gewohnheiten an. Charles und Mickey genießen beide gemeinsam das Partyleben in Hongkong, auch wenn die Briten inigniert die Augenbrauen heben. Charles ignoriert das Flüstern und die eisigen Blicke, und Mickey liebt es wie immer zu provozieren. So zieht sie eines Abends im noblen Hongkong Hotel eine Zigarre aus der Tasche und raucht mit den Männern. Kopfschütteln der anwesenden Damen, doch ein junger Amerikaner, der die Szene beobachtet, schreibt ihr:

«Ich mag Sie, und ich würde Sie gerne näher kennenlernen. Jede Frau, die die Verwegenheit besitzt, im Angesicht der englischen Offiziere im Hongkong Hotel eine Zigarre zu rauchen, hat meinen Respekt und meine Bewunderung.»[2]

Während Charles beruflich unterwegs ist, beschäftigt sich Mickey mit einem neuen Projekt. Sie plant, nachdem die Soong-Biografie ein Erfolg ist, sich mit Sir Thomas Stamford Raffles zu befassen. «Raffles of Singapore», als der er allgemein bekannt war, spielte eine Hauptrolle bei der Gründung des Britischen Empire im 19. Jahrhundert, und das nach ihm benannte *Raffles Hotel* in Singapur weckt Erinnerungen an das *Cathay Hotel* in Shanghai. Freudig beginnt sie Material zu sammeln. Außerdem möchte sie Mandarin lernen, was in Hongkong nicht einfach ist, da man hier Kantonesisch spricht.

Und wieder einmal geht Mickey ungewohnte Wege. Ein chinesischer Freund macht sie mit einer Frau namens Ying Ping bekannt, die sich bereit erklärt, Mickey zu unterrichten. Ying Ping arbeitet als Hostess in einem sogenannten «Escort Büro»[3] Hier ist es während der Nachmittagsstunden ruhig, und so sitzen die beiden Damen zusammen, unterhalten sich und Mickey bezahlt Ying Ping für «leichte Konversation». Eines Abends muss Charles arbeiten und Mickey beschließt Ying Ping aufzusuchen. Wie verändert erscheint ihr der Club nun: reges Leben, einschmeichelnde Musik, aufgetakelte, geschminkte Mädchen und erwartungsvolle Freier. Kaum ist Mickey erschienen, lädt sie ein Gast schon zu einem Drink ein. Ying Ping und die anderen Mädchen sind keineswegs erfreut, denn sie fürchten Konkurrenz. Mickey dagegen erinnert sich an ihren Auftritt als Taxigirl in Shanghai und verschwindet so schnell wie möglich. In Zukunft hält sie sich an ihre nachmittäglichen Unterrichtsstunden.

Während eines Treffens mit chinesischen Freunden kommt die Sprache auf Kinder, und Mickey erklärt, dass sie keine Kinder haben kann. Charles ist erstaunt, er meint:

«Das gibt es überhaupt nicht. Wenn du ein Kind willst, dann werden wir eins haben!»[4]

Und Mickey wird wirklich schwanger. Die Situation ist pikant. Charles muss im Mai auf eine vierwöchige Inspektionsreise gehen und will in Singapur mit Ursula über sein Verhältnis reden. Damit Mickey nicht allein im Apartment ist, arrangiert er, dass Art Cooper, ein junger Geheimdienst-Offizier mit einem Hang zur Poesie ins Gästezimmer einzieht. Mickey und der zehn Jahre jüngere Art verstehen sich prächtig. Als Charles zurückkommt, müssen beide während eines gemeinsamen Essens feststellen, dass Charles überhaupt nichts mit Ursula geregelt hat. Da fragt Art: «Mickey, willst du mich heiraten?» und sie antwortet spontan: «Ja!» Es folgt eine lange, lange Pause, während der einer zum anderen schaut, und dann beginnen alle drei gleichzeitig über diese unmögliche Situation zu lachen. Charles verspricht nun, Ursula um die Scheidung zu bitten, und erklärt, er wolle das Kind zu seinem Erben bestimmen, im Falle, dass ihm selbst etwas zustoßen sollte.

Die werdenden Eltern beschließen, die Schwangerschaft noch für sich zu behalten, denn niemand weiß, wie Charles' Vorgesetzte auf die Nachricht reagieren werden. Eine amerikanische Geliebte zu haben, wenn die Ehefrau abwesend ist, das ist eine Sache, aber ein Kind mit ihr zu zeugen, das ist für einen Offizier in britischen Diensten inakzeptabel.

Eines Tages trifft sich Mickey mit Ernest Hemingway im Hongkong Hotel. Er hat von der Schwangerschaft gehört und ist besorgt wegen Charles' Position. Er fragt:

«*Was wird mit Charles geschehen wegen des Babys? Werden sie ihn aus der Armee entlassen?*»

Mickey antwortet: «*Das können sie nicht, denn er ist der einzige, der Japanisch spricht!*»

Hemingway ist davon nicht überzeugt und schlägt vor: «*Ich sag dir was, Mickey; erzähl ihnen, das Baby sei von mir!*»[5]

Mickey: «*Das wird Charles nicht gefallen!*»

Eine Tochter in stürmischen Zeiten

Die politische Situation in Hongkong wir immer angespannter, und in Erwartung eines japanischen Angriffs werden alle britischen Frauen und Kinder im Herbst 1941 evakuiert. Mickey, als Amerikanerin, kann bleiben, aber viele ihrer Freundinnen sind abgereist. Die einzige amerikanische Frau, die Mickey persönlich kennt, und die noch in Hongkong bleibt, ist Charlotte Gower, eine Anthropologie-Professorin der Ling Nan Universität. Charles, der fast Tag und Nacht unterwegs ist, fragt Charlotte, ob sie die letzten sechs Wochen zu Mickey ins Apartment ziehen könne. Glücklicherweise sagt sie zu. Die Schwangere freut sich über weibliche Gesellschaft und Hilfe, besonders, da sie sich auch noch den Fuß verstaucht hat.

Frau Gower bleibt nicht der einzige Hausgast in diesem Herbst. Ah Kings Ehefrau und Tochter, die in Kowloon leben, erkranken an Typhus, und Mickey sorgt dafür, dass sie in ein Krankenhaus kommen und behandelt werden. Als es ihnen besser geht, bezahlt sie die Rechnung und lädt beide ein, mit in ihrem Apartment zu leben, obwohl das vom Eigentümer verboten ist. Mit dieser Geste gewinnt Mickey die endlose Dankbarkeit und Loyalität Ah Kings, etwas, das für sie in den schwierigen Zeiten, die kommen, von unschätzbarem Wert ist.

Und dieses Baby wird am 17. Oktober 1941 im *Saint Mary Hospital* in Hongkong geboren. Fünf lange Tage muss Mickey warten, denn immer wieder setzen Wehen ein, und dann geschieht doch nichts. Endlich entschließt sich der Arzt, einen Kaiserschnitt zu machen, und fragt Mickey, ob sie Narkose haben oder bei Bewusstsein bleiben wolle, damit sie später darüber schreiben könne. Die neugierige Schwangere entscheidet sie sich für letzteres und verfolgt, gedopt mit genügend Morphium, das Geschehen.

Carola Militia Boxer ist ein kleines, fünfeinhalb Pfund schweres, gesundes Baby, das mit großen Augen in die Welt schaut. Die Schwestern nehmen das Kind mit, um es zu waschen und anzuziehen, Mickey aber bleibt auf dem Operationstisch. Der Arzt hat während der Geburt einen Tumor in ihrem Uterus festgestellt, den er nun entfernt.

Die kommenden Tage liegt Mickey in ihrem Krankenhausbett, umgeben von Blumen, die Charles und Freunde geschickt haben, und sie leidet. Immer wieder fällt sie in unruhigen Schlummer und wird von wiederkehrenden Albträumen geplagt. In einem Moment sieht sie sich rückversetzt nach Chongqing während eines Luftangriffs der Japaner, im nächsten entdeckt sie Carolas Gesicht schwebend zwischen den Wolken. Sie glaubt, ihr Baby verhungert; der kleine Körper wird schmäler und schmäler, bis schließlich nur noch zwei riesengroße Augen übrig bleiben. Wenn Mickey aus ihren Träumen erwacht, erinnert sie sich daran, dass in China Tag für Tag Babys sterben und sie selbst die Leichen in den Straßen gesehen hat. Täglich schwört sie sich, dass ihrem Kind dieses Schicksal erspart bleiben wird.

Am 11. November schreibt Mickey einen Brief an ihre Mutter, in dem sie von Carola berichtet.

Während der ersten zwei Tage sah Carola genau wie Charles aus, was jedem, der sie ansah, sofort auffiel, und ich musste lachen bei dem Gedanken, dass ich einmal etwas produziert hatte, was nicht «Hahn» war. Natürlich sieht sie jetzt aus wie ein normales Baby. Ich glaube, ihr Haar wird blond, aber im Moment ist es nur ein farbloser Flaum. Als sie vier Tage alt war, saßen Charles und ein russischer Militär-Attaché zusammen in einem Hotel und tranken so lange Brandy und Wodka, bis die Situation konfus wurde und beide in Tränen ausbrachen. Charles denkt, dass es so war, aber erinnern kann er sich nicht mehr genau. Am Abend war er nüchtern, sah aber mitgenommen aus. Nachdem er nun eine Nacht geschlafen hat, weiß er nicht, ob sie wegen der Bombardierung Moskaus oder wegen Carola geweint haben. Wir werden es nie wissen, denn der Russe ist abgereist.

Es ist als ob jeder in der Stadt Blumen geschickt hat, besonders am ersten Tag, als mich nichts interessierte; das Zimmer sah aus wie die Garderobe eines Theater-Stars. Ich habe so viele blaue und rosa Kleidchen für sie bekommen, dass mir diese Farben zu viel werden, mein nächstes Kind wird in chartreuse und flammende Farben gekleidet. In der ersten Woche waren keine Besucher erlaubt, aber die Chinesinnen schlichen sich klammheimlich ein, sehr zum Verdruss der englischen Schwestern.

Ich könnte stundenlang Anekdoten erzählen über die Kommentare und Reaktionen der Leute. Aber hier nur zu Sir Victor. Vor ein paar Wochen war er auf der Durchreise in Hongkong, und er hat richtig mit mir geschimpft. Er sagte, er selbst sei ein unglückliches Kind gewesen, obwohl es ihm an nichts gefehlt habe, und welches Recht ich hätte, nur zu meinem eignen Vergnügen ein Kind zu wollen. Wir haben per Brief weiter darüber diskutiert. Aber ich glaube, er ist nur so verstimmt, weil ich ihn nicht zuerst um Erlaubnis gefragt habe.[6]

Als Mickey entlassen wird, ist sie höchst unsicher, wie sie mit dem kleinen Wesen umgehen soll. Zwar hat sie im Krankenhaus an einem Baby-Wickel- und Badekursus teilgenommen, doch alleine mit dem Baby umzugehen macht ihr Angst. Glücklicherweise besorgt ihr aber die Freundin Vera eine chinesische Kinderfrau.

Der Krieg ist da

Mutter und Tochter sind erst drei Wochen zu Hause, als am 8. Dezember 1941 die Nachricht Hongkong erreicht, dass die Japaner Pearl Harbour bombardiert haben. Charles ruft Mickey an und sagt: *«Er ist da – der Krieg!»*[7] Am 8. Dezember um 4.00 Uhr morgens attackieren die Japaner mit einem Dutzend Bomber den Hongkonger Flughafen Kai Tak, wo noch fünf antiquierte Flugzeuge stationiert sind.

Charles hat arrangiert, dass Mickey bei Kriegsausbruch zusammen mit Carola bei ihrer Freundin Hilda und deren Ehemann Selwyn-Clark, dem Chef des medizinischen Dienstes, unterkommt. Die Selwyns wohnen weiter oben am Peak und dort sollten beide sicherer sein. Es dauert ein paar Tage, bis Charles sie bei den Selwyns besucht. Er erklärt Mickey, dass er zusammen mit seinen Kameraden die Tage in einem Untergrundbunker, der als Kommunikationszentrum und militärisches Hauptquartier dient, verbringe. Sollte ihm etwas zustoßen, so habe er Vorsorge getroffen. Er habe seinen letzten Willen an Mickeys Schwager, Mitchell Dawson, nach Chicago geschickt. Sobald seine Scheidung, in die Ursula nun eingewilligt hat, gültig sei, werde alles Geld von seinen Bankkonten in England sowie der Familiensitz in Dorset, den er von seiner Großmutter mütterlicherseits geerbt hat, im Falle seines Todes an Mickey und Carola übergehen.

Aber das ist im Augenblick für Mickey nicht wichtig. Nach Bombenangriffen und Kampfhandlungen ist bis zum 14. Dezember die Halbinsel Kowloon fest in japanischer Hand, und auf der Insel herrscht Anarchie. Chinesische Banden und pro-japanische Soldaten stürmen durch die Straßen und plündern Geschäfte und Privathäuser. Selwyn-Clark weist alle Leute in seinem Haus an, sich zum *War Memorial Hospital* zu begeben. Mickey, Carola und die Selwyn-Clarks schlafen dort in einem der Zimmer auf dem Fußboden. Schwierig wird es, Nahrung zu bekommen, denn das Küchenpersonal des Krankenhauses ist geflohen. Nun übernimmt Mickeys Koch Ah King die Küche, doch die Vorräte sind mager und die Mitglieder des *Food Control Committees* bedienen sich immer als erste.

Am Samstag, dem 20. Dezember, erhält Mickey die Nachricht, dass Charles verwundet ist, aber lebt. Folgendes ist geschehen:

Am Freitag, dem 19. Dezember, fahren Charles Boxer und Alf Bennet zum Süden der Insel in die Wohnenklave «Shouson Hill», wo zu diesem Zeitpunkt heftige Kämpfe stattfinden. Sie treffen dort auf eine kleine Truppe sich zurückziehender ostindischer Soldaten, deren kommandierender Offizier Leutnant Colonel Gerald Kidd gerade getötet worden ist. Charles übernimmt spontan dessen Rolle und versucht einen Gegenangriff zu starten. Genau in dem Moment, als er sich aus einer Senke erhebt, trifft ihn ein Schuss. Er fällt hin und bleibt liegen, während die Kampfhandlung weiterzieht. Die Sonne scheint unbarmherzig, und Fliegen schwirren um seinen Kopf. Dann kommt die Nacht mit ihrer Kälte; das aus der Wunde sickernde Blut färbt die Erde rötlich braun. Aber Charles kann sich nicht bewegen und nichts tun. Er hofft nur, dass die Qual bald zu Ende geht. Zufällig findet ihn am nächsten Morgen ein britischer Marine-Offizier. Charles ist im Fieberwahn und dem Tode nahe. Seine Hauptsorge ist, dass er in seinem Portemonnaie Geld hat. Immer wieder stammelt er:

112$ für Mickey 112$ für Mickey 112$ für Mickey!!![8]

Man bringt Charles ins *Queen Mary Hospital*, das beste Krankenhaus der Stadt, und nach einer Notoperation sind seine Überlebenschancen gestiegen. Erst dann gibt Selwyn-Clark, der dort Dienst hat, Mickey Bescheid. Mickey will sofort zu Charles, muss aber zuerst für Carola sorgen. Wie in Trance ruft sie ihre Freundin Vera Armstrong an und bittet sie, Carola und das Kindermädchen abzuholen. Dann setzt sie sich einen Stahlhelm auf und macht sich zu Fuß auf den Weg, begleitet von einem jungen Mann, der nach Happy Valley will. Jedes Mal wenn sich japanische Flieger nähern, rennen die beiden um ihr Leben. Bis zum Geschäftsviertel laufen sie zusammen, von dort aus muss jeder alleine vorankommen. Es dauert mehrere Stunden, bis Mickey die fünf Meilen zum Krankenhaus zurückgelegt hat. Als sie in Charles' Zimmer tritt, erkennt sie ihn kaum, denn aufgrund des Blutverlustes ist er leichenblass. Die nächsten drei Tage verbringt sie an Charles Seite und hat keine Möglichkeit, etwas über den Verbleib von Carola zu erfahren. Schließlich teilt man ihr mit, dass es Carola gut gehe, obwohl Vera, bei der das Kind sein sollte, wegen der Angriffe niemals bis zum *War Memorial Hospital* kam. Ah King hatte dafür gesorgt, dass sich die Kinderfrau und das Baby im Keller des Krankenhauses verstecken konnten. Dort versorgte er sie mit Essen und Wasser, das er unter den Augen des *Food Control Committees* herausschmuggelte.

Als Charles vom Queen Mary Krankenhaus ins Militär-Krankenhaus Bowen Road verlegt wird, kehrt Mickey mit Carola in ihre Wohnung in der May Street zurück. Wie die Namen der großen Hotels und anderer wichtiger Gebäude sind auch die Straßennamen geändert worden und May Street ist zur *Higashi-Tisho-Tori* geworden. Das Gebäude sieht bis auf die geborstenen Fenster noch ziemlich intakt aus. Mickey weiß, dass inzwischen Fremde in ihre Wohnung einquartiert wurden. Sie hat auch gehört, dass einige Dänen und Schweizer schon in ihre Apartments zurückgekommen sind und die Flüchtlinge aus Kowloon mit zum Teil brutalen Maßnahmen vertrieben haben. Wie wird man sie wohl empfangen?

Von der Wohnung aus hat man schon beobachtet, wie sich Mickey mit dem Kind auf dem Arm die geborstenen Stufen hinaufschleppt. Die Tür des Apartments öffnet sich sofort nach dem ersten Klingeln. Vor ihr steht ein hübsches schlankes Mädchen mit großen angstvollen Augen, hinter ihr sieht sie zwei alte Leute, ein anderes junges Mädchen, chinesische Diener und einige Babys. Es sind zusammen 12 Personen. Die junge Frau sagt über die Schulter:

«*Es ist Miss Hahn, sie ist zurückgekommen.*» Und Mickey fragt: «*Können wir heute hier übernachten?*» «*Nun, das ist doch Ihr Haus.*»

Eine höchst seltsame Situation. Die alte Frau, Mutter der Mädchen, beginnt zu weinen; sie weint oft, denn sie hat viel mitgemacht, erklärt die Tochter. Und dann werden alle vorgestellt und erzählen. Die Familie hat in Kowloon ihr Haus verloren. Irene und Phyllis, die jungen Frauen, wissen nur, dass ihre Männer vermisst sind, den Kindern ist nicht bewusst, was geschieht. Schließlich werden die Schlafstätten verteilt. Das Schlafzimmer erhalten die Großeltern, Carola und May, ihre Kinderfrau, kommen ins Esszimmer, Phyllis, die Amahs und die älteren Babys schlafen auf dem Fußboden, da die Japaner alle Matratzen weggeschleppt haben. Irene und Mickey suchen sich ein Plätzchen, wo sie noch ungestört reden können, und dann schläft auch Irene beruhigt ein, denn sie weiß nun, dass Mickey und Carola mit ihnen zusammenleben werden. Ah King erobert schon die Küche, sein ehemaliges Reich.[9]

Nicht nach Stanley

Die siegreichen Japaner verkünden umgehend eine Masseninternierung in Hongkong, so wie es auch schon in Shanghai geschehen war. Überall verkünden Plakate, dass sich Amerikaner, Kanadier, Engländer, Niederländer und Angehörige anderer feindlicher Nationalitäten auf dem *Murray Parade Ground*, einem großen öffentlichen Platz in Victoria, zu versammeln hätten. Es kommen so viele Menschen, dass die Japaner beschließen, alle Eurasier mit amerikanischer oder europäischer Nationalität wieder nach Hause zu schicken; dank ihres asiatischen Blutes sollen sie nicht interniert werden. Alle anderen verfrachtet man samt ihrer kläglichen Habe auf Boote, die in das kleine Fischerdorf Stanley an der Südküste der Insel fahren. *Stanley Camp* wird das größte der Gefangenen-Camps in Hongkong mit 13.390 alliierten Zivilisten und Soldaten.

Mickey hat die Camps für jüdische Flüchtlinge in Shanghai gesehen und schwört sich, dass sie mit Carola nicht in ein

Internierungslager gehen wird. Da erinnert sie sich, dass sie ja damals auf dem Papier Sinmays Ehefrau geworden ist, um die Druckerpresse zu retten. Nach japanischem und chinesischem Recht ist die Ehefrau ein sogenanntes «bewegliches Eigentum» des Mannes und erhält automatisch die gleiche Staatsangehörigkeit wie er. Vielleicht kann ihr das jetzt helfen, denn während sie in Chongqing arbeitete, wo «Asien für die Asiaten» das Motto war, gab sie sich als Eurasierin aus. In Hongkong dagegen ist Mickey ganz selbstverständlich Amerikanerin. Nun muss sie alles versuchen, um als Eurasierin anerkannt zu werden und der Internierung zu entgehen. Da Mickey und Charles vor dem Krieg, im Gegensatz zu den meisten Ausländern in Hongkong, gute Beziehungen zu japanischen Beamten und Offizieren pflegten, kann sie vielleicht deren Hilfe in Anspruch nehmen.

Mr. Kimura

Der erste Gang führt Mickey ins Auswärtige Amt der japanischen Besatzungsmacht. Erstaunt stellt sie fest, dass der Leiter des Amtes, Mr. Kimura, ein alter Bekannter von Charles ist, mit dem sie beide zusammen vor dem Krieg getafelt und getanzt haben. Er ist sogar derjenige, der die Internierungsgesetze verfasst hat. Mickey erinnert sich an die Unterhaltung während dieser etwas peinlichen Situation.

«Ich wusste nicht, dass Sie einen chinesischen Ehemann haben, Miss Hahn.»

«Er lebt in Shanghai. Aber Mr. Kimura, Sie wissen, dass ich Amerikanerin bin, dass ich einen amerikanischen Pass habe.»

«Ich weiß, ich weiß.»

«Sie wissen auch, dass ich nach amerikanischem Gesetz keine

Chinesin bin und dass Charles der Vater des Babys ist.»

«Ich weiß auch das, Miss Hahn, aber das Private zählt hier nicht. Nach japanischem Recht sind Sie Chinesin. Aber wenn Sie mir innerhalb von zwei Tagen beweisen, dass Sie in Shanghai geheiratet haben, können Sie nicht interniert werden.»[10]

Die Papiere sind natürlich in Shanghai geblieben, und da keine Zeit bleibt, sie zu erhalten, muss jemand eine eidesstattliche Erklärung abgeben. Was höchst unwahrscheinlich klingt, ist wahr. Während Mickey ziemlich verzweifelt durch die Straßen wandert, entdeckt sie von dem American Express Büro einen chinesischen Studenten, der ihr bekannt vorkommt. Es ist Freddy Kwai, ein Neffe Sinmays. Sogleich bittet Mickey Freddy, mit ihr zum Auswärtigen Amt zu gehen und zu bezeugen, dass sie seine Tante ist. Er stimmt zu, wenn sie nicht erwähnt, dass er als Freiwilliger gegen die Japaner gekämpft hat. Am nächsten Tag erhält Mickey, nachdem Freddy seine Aussage gemacht und sie zwei Passfotos eingereicht hat, einen neuen chinesischen Pass. Ihr amerikanisches Dokument verschwindet einstweilen ganz hinten in einer Schublade.

Shigei Matsumoto

Ein weiterer Japaner, den Mickey noch aus Shanghai gut kennt, ist Shigei Matsumoto. Sie hat kein Telefon, aber ein Schüler bringt ihr eine Nachricht von einem Mr. Ogura, dem Leiter der japanischen Nachrichtenagentur:

«Matsumoto wird morgen in der Stadt sein. Kommen Sie um 2.30 Uhr ins Büro, wenn Sie ihn treffen wollen. Er wird mit dem Boot aus Kanton kommen.»

Zwar ist Mickey Matsumoto zufällig schon einmal hier in Hongkong während des Frühlings über den Weg gelaufen, aber es war ein ungemütliches Treffen in einer Hotelhalle, wo alle sie anstarrten und man nicht frei sprechen konnte. Diesmal, so hofft sie, soll es anders werden. Matsumoto trifft ein; er ist groß und gewichtig, umgeben von lauter kleinen Japanern. Als er Mickey entdeckt, bleibt er überrascht im Türrahmen stehen und bittet sie dann, in Oguras privatem Büro zu warten. Schnell kommt er nach – geschmeidig, ungerührt, ruhig und offensichtlich nicht genau wissend, wie er sich mit dieser Begegnung aus einer lang zurückliegenden Vergangenheit verhalten soll. Denn Matsumoto ist nun ein wichtiger Mann, ein Sieger, voller Triumph. Falls er je vom Pazifismus überzeugt war und Kritik an den Militärs in Shanghai übte, so ist das jetzt alles vergessen. Ein gutes Gespräch zwischen den ehemaligen Freunden ist unmöglich, und Mickey verabschiedet sich bald. Matsumoto fragt noch, ob er etwas für sie tun könne, und sie bittet nur darum, nicht interniert zu werden. Ein Armeewagen soll sie nach Hause bringen, aber an der nächsten Ecke steigt sie aus und geht lieber zu Fuß, warum weiß sie selbst nicht. Im Sommer 1943 erzählt ihr Ogura, dass Matsumoto in Tokio an einer unbekannten Krankheit leide und bald sterben werde. Im Geheimen denkt Mickey: An schlechtem Gewissen sicherlich nicht!

Takio Oda

Neben Mr. Kimura gehörte einmal zu ihrem Freundeskreis der frühere japanische Konsul in Hongkong, ein junger Mann namens Takio Oda, der in Amerika studiert hat. Mit der japanischen Besatzung kehrt nun Takio Oda nach Hongkong zurück und wird Leiter des Auswärtigen Amtes. In dieser Funktion ist er unter anderem auch für das Gefangenen-Camp in Stanley zuständig. Während er nach außen hin gefühllos und unberechenbar erscheint und von vielen gehasst wird, ist Oda jedoch ein ehrenvoller Mann. Die Korruption und Brutalität, die er täglich wahrnimmt, widern ihn an, und er setzt sich deshalb hinter den Kulissen für die Gefangenen ein. Natürlich versucht er auch Mickey zu helfen, und nur seinem Einfluss ist es zu verdanken, dass sie von Kimura ihren chinesischen Pass ohne größere Probleme erhalten hat.

Trotz ihrer Beziehungen wird Mickey einige Tage später überraschend zum Verhör zu Colonel Noma, dem Leiter der Gendarmerie, gebeten. Sie weiß natürlich, dass die Gendarmerie die japanische Gestapo ist und Menschen oft einfach verschwinden, nachdem sie dort befragt wurden. Voller Angst macht sie sich auf den Weg und kann die auf sie einstürzenden Fragen kaum beantworten. Im Laufe des Verhörs bemerkt sie jedoch, dass Noma viel über ihre Zeit in Shanghai weiß.[11] Seine Fragen beziehen sich auf ihre dortigen Freunde, insbesondere auf Sinmeys Bruder, den Guerillakämpfer, und auf ihre Zeit in Chongqing. Das Verhör dauert mehrere Stunden lang. Schließlich ist Noma frustriert und überzeugt, dass Mickey eine dumme Frau ist, von der er keine Informationen erhalten kann. Zum Schluss will er jedoch noch explizit wissen, ob sie wirklich Sinmays Ehefrau ist und wieso sie trotzdem ein Kind von Charles Boxer, einem Engländer, hat. Mickey, entkräftet und der Sache überdrüssig. antwortet ohne weiter nachzudenken:

«Weil ich ein böses Mädchen bin!»

Damit endet die Vernehmung. Der Übersetzer und Noma tuscheln miteinander, und Mickey hat Angst, dass man sie nun wegen ihrer flippigen Art vielleicht internieren wird. Aber plötzlich lacht der Übersetzer laut auf, klopft Mickey wie einem Kumpel auf die Schulter und sagt:

«Du bist kein böses Mädchen. Du bist ein gutes Mädchen. Geh' jetzt nach Hause!»[12]

Die Gefangenen

Charles ist in das Camp Argyle[13] verlegt worden. Hier scheint es ihm einigermaßen gut zu gehen, da Mickey wöchentlich Essen bringt, das er, wie sie zufällig erfährt, noch mit sieben anderen Gefangenen teilt. Auf einer Karte schreibt er:

Liebe Mickey,
vielen Dank für deine Montagspakete. Sie sind umso willkommener, weil ich sie mit sieben anderen teile, die sonst nichts hätten...

Mickey ist entsetzt, denn sie bringt weiterhin auch noch Essen zum Militär-Krankenhaus in der Bowen Road. Die Beschaffung der Nahrung wird ständig schwieriger und teurer, mittlerweile gibt es sehr strenge Richtlinien. So dürfen die Pakete keine selbstgekochten Produkte mehr enthalten, da Nachrichten darin versteckt sein könnten. Nur noch Nahrungsmittel in Dosen, die viel kosten, passieren die Kontrolle, und Carola muss natürlich auch gesundes Essen haben. Mickeys ganzes Sein und Denken dreht sich ausschließlich darum wie, wo und zu welchem Preis sie etwas kaufen kann.

Acht Eier pro Woche für Charles, zwei für Carola, das müssten ungefähr... wenn man Größe und Gewicht in Betracht zieht. Wenn ich ein Dutzend Dosen Tofu kaufe, sollte das für sechs Wochen reichen. Wird es in sechs Wochen noch Tofu geben? Soll ich mehr Geld investieren und zwei Dutzend kaufen? Der Preis wird nicht niedriger, nur höher... Ich habe ein Dutzend Täfelchen Schokolade. Charles hat mir auf seiner letzten Karte versichert, dass er Schokolade nicht teilt, also muss ich ihm weiter Schokolade besorgen. Ich frage mich, ob es bis zum Ende des Krieges noch Schokolade geben wird? Ein Dutzend Täfelchen für zwölfmal Montagmorgen, drei Monate lang. Besser nicht mehr kaufen, auch wenn die Preise steigen, sie bleibt nicht so lange frisch. Wie lange wird dieser Krieg noch dauern? Marmite, der australische Brotaufstrich, ist zu teuer. Wir könnten das andere Zeug probieren, Yeastrel, es kostet nur die Hälfte und schmeckt genauso. Marmite hat Vitamine, ist Yeastrel genauso gut? Charles kann mich das nicht wissen lassen. Was kann ich ihm an Proteinen schicken? Sie erhalten weder Fleisch noch Fisch. Soll ich diese Pflaumen für Carola aufheben? Wenn ich diese große Dose öffne, kann sie nicht alle essen, bevor sie schlecht werden. Wenn ich sie Charles schicke, so isst er sie sofort auf. Aber es ist blöd einem Mann Pflaumen zu geben, wenn ein Kind im Haus ist, und es nicht viele Pflaumen in der Stadt gibt… Dennoch, Carola kann frische Orangen essen, wenn es Saison ist, und ich glaube nicht, dass Gefangene Orangen haben dürfen. Heute Nachmittag muss ich nach Kowloon, Sophie sagt, in einem Geschäft gibt es japanisches Obst in Dosen zu einem annehmbaren Preis. Verdammt, ich verliere meine Schuhsohle. Wie kann ich nun am Camp entlang des Zauns gehen? Hölzerne Clogs? Acht Eier die Woche für Charles, zwei für Carola, das klingt irgendwie nicht richtig. Ich muss Selwyn bitten, mir etwas Lebertran zu geben, falls er kann. Acht Eier für Charles…[14]

Die Wachsoldaten, welche Mickey dank ihrer häufigen Besuche kennen, sind höflich, und deshalb traut sie sich zu fragen, ob sie Carola einmal zu einem Besuch mitbringen dürfe. Der ihr wohlgesonnene junge Soldat nickt mit dem Kopf. Am nächsten Besuchstag geben Mickey und Carola wie gewöhnlich ihr Paket zur Inspektion ab. Ein Wachmann im Raum ist mit Papieren beschäftigt und braucht ganz plötzlich einen Übersetzer. Da erscheint Charles; es sieht so aus, als ob er Frau und Kind gar nicht bemerke. Da beginnt Carola lauthals zu weinen und hört nicht mehr auf. Schließlich meint der Soldat, Mickey solle in den Nebenraum gehen und das Kind stillen. Gehorsam folgt sie und gleich darauf kommt Charles. Sie haben fast eine Stunde zu dritt, und es stört kaum, dass dauernd jemand die Tür öffnet und mit «Oops-Entschuldigung!» wieder verschwindet.

Ein weiteres positives Besuchserlebnis hat Mickey im Oktober 1942. Es ist Carolas erster Geburtstag, und sie bittet den freundlichen Wachmann, ob sie Charles zur Feier des Tages ein besonderes Paket bringen dürfe. Der Soldat schaut zur Seite und grinst bejahend. La Roux, Leiter der Banque d'Indo-Chine, der Mickey oft hilft Lebensmittel einzukaufen, hat ihr zu diesem Anlass eine Flasche Burgunder geschenkt. Nun kann Charles, obwohl Alkohol im Camp verboten ist, zusammen mit seinen engsten Freunden auf das Wohl seiner Tochter anstoßen.

Das Beste ist jedoch, dass Charles seine Tochter und Mickey an diesem Morgen sieht. Während Mickey normalerweise immer zu Fuß mit den anderen Frauen am Zaun entlang wandert, mietet sie für diesen besonderen Besuch zwei Rikschas, da man mit den Gefährten näher an die Gefangenen herankommt. Mickey und Carola sitzen in der ersten Rikscha und Ak Yuk, das Kindermädchen, in der folgenden. Die Fahrer sind angewiesen, ganz eng am Zaun entlang zu laufen. Und da steht Charles, so nah, dass man fast ohne zu schreien mit ihm reden könnte. Das ist natürlich verboten, denn normalerweise darf man den Gefangenen noch nicht einmal ins Gesicht schauen. Carola sitzt unruhig auf Mickeys Schoß, als sie jedoch Charles entdeckt, stellt sie sich auf und winkt, winkt einem Kriegsgefangenen! Und dazu ruft das Kind klar und deutlich, was Ah Yuk ihr beigebracht hat: «Daddy! Daddy!» Das könnte mit dem Tode bestraft werden. Niemand schießt.

In Amerika haben sich Schwester Helen und Freunde inzwischen für Mickey eingesetzt. Überraschenderweise erhält sie deshalb eines Tages eine Aufforderung, Takio Oda aufzusuchen. Dieser erklärt ihr, sie habe die Erlaubnis, Hongkong zu verlassen, beziehungsweise Carola zu Verwandten in die USA zu schicken. Mitte September werde ein Rotkreuz-Schiff auslaufen und ihr Name stehe schon auf der Passagierliste.

Bis zu diesem Zeitpunkt solle sie sich mit Carola und anderen Internierten in *Camp Stanley* aufhalten. Zu ihren eigenen Erstaunen und dem Odas erklärt Mickey spontan, dass sie in Hongkong und in Charles' Nähe bleiben wolle. Diese Entscheidung ist ihr jedoch leichter gefallen, als mit den Konsequenzen einer Abreise zu leben, denn die Nahrungsbeschaffung wird immer schwieriger, verhungerte Chinesen liegen in den Straßen, und die Japaner reagieren von Tag zu Tag grausamer.

Da erscheinen eines Tages amerikanische Kriegsflieger am Himmel. Welch eine moralische Aufmunterung für Mickey und die zahllosen hungernden Engländer, Kanadier und Inder. Charles und andere Gefangene beobachten die Attacke und applaudieren bei jedem Bombenabwurf. Die Züchtigung folgt am darauffolgenden Tag. Alle Gefangenen müssen sich draußen versammeln und zuschauen, wie der Krankenhausarzt und Charles als der höchstrangige Offizier bestraft werden. Ein wutschnaubender japanischer Offizier schimpft sie aus und schlägt beiden kräftig ins Gesicht.[15] Danach stürmt er in die Diphterie-Abteilung, wo Infizierte und Sterbende liegen, und schlägt auch diese.

Mickeys Hunger wird manchmal gestillt, weil Oda sich insgeheim um sie sorgt und zusieht, dass sie etwas zu essen bekommt. Von Zeit zu Zeit laden er und Mitarbeiter seines Büros sie ein, mit ihnen zu speisen. So geschieht es auch an einem denkwürdigen Abend, von dem man noch Jahrzehnte später in Hongkong erzählen wird. Das Festessen findet im *Grips* statt und wird zu Ehren eines Schweizers namens Engle gegeben, des Vorsitzenden des Roten Kreuzes in Asien. Anwesend sind Oda, seine Mitarbeiter mit ihren chinesischen Freundinnen, Engle und Mickey. Je mehr der Abend voranschreitet, desto lauter bemüht sich Engle zu betonen, wie kompetent die Japaner das besetzte China verwalteten und wie wunderbar es im deutschen Sektor in Shanghai zugehe. Zwischendurch blinzelt er Mickey immer wieder zu. Das alles ist für sie schwer erträglich, und je verärgerter sie wird, desto mehr trinkt sie. Am liebsten hätte sie Engle eine runtergehauen, eigentlich hätte sie gern alle vermöbelt, doch sie reißt sich zusammen.

Am nächsten Morgen erwacht Mickey mit einem Kater. Nur noch wage Erinnerungen an den vergangenen Abend sind vorhanden, aber das Gefühl, dass etwas furchtbar falsch gelaufen ist. Als sie Oda anruft, um sich für die Einladung zu bedanken, ist er sehr zurückhaltend, und im Laufe der Unterhaltung weiß sie auch warum. Folgendes ist geschehen: Oda und zwei seiner Mitarbeiter bringen die ziemlich betrunkene Mickey nach Hause. Im Auto schlägt sie nach Oda; sie schlägt ihn sogar mitten ins Gesicht. Als sie das hört, fragt sie entsetzt:

«Warum habe ich Sie geschlagen?» Und er antwortet:

«Ich weiß es auch nicht, aber es könnte sein, dass Sie unbewusst den Wunsch hatten, einen Japaner zu schlagen.»

Mickey entschuldigt sich vielmals, und als das Telefonat beendet ist, sagt sie sich:

«Mickey Hahn, aus der ganzen Menge der Japaner musst du den Chef des Außenministeriums aussuchen. Besser hättest du das nicht machen können. Nun, es hätte noch eine Verbesserung gegeben – einen Gendarmen. Nein, selbst ich würde nie so betrunken sein.»[16]

Oda bestraft Mickey nicht, sondern ist weiterhin nett und fürsorglich ihr gegenüber, und als er einige Zeit später zurück nach Tokio berufen wird, ist sie sehr enttäuscht. Bevor Oda abreist, gibt er für einige seiner engsten Freunde noch eine Abschiedsparty und lädt Mickey ebenfalls dazu ein. Sie hat sich fest vorgenommen, sich an diesem Abend nur von ihrer besten Seite zu zeigen, und das gelingt ihr, zumindest solange sie noch nicht viel getrunken hat. Als sich nach dem Essen die Unterhaltung um den Krieg dreht, behauptet Mickey lautstark, dass der Stern Asiens im Sinken sei. Oda widerspricht und erklärt ruhig, weshalb Japan eines Tages die Welt regieren werde. Da unterbricht ihn Mickey und sagt laut «Quatsch!» Oda schlägt ihr ins Gesicht und meint kalt:[17]

«Ich denke, ich bin Ihnen noch etwas schuldig, bevor ich gehe.»

Alle sind schreckensstarr. Da beginnen Mickey und Oda gleichzeitig laut zu lachen, und die anderen Gäste stimmen mit ein.

Odas Party ist nicht die einzige Abschiedsparty in diesem Herbst. Mickey wird kurz darauf zu einer anderen eingeladen, die genauso unvergesslich, aber viel gefährlicher wird. Die Selwyn-Clarks laden sie zu einem Treffen im Queen Mary Hospital ein, das zu Ehren von Colonel Nguchi, einem ihrer japanischen Gönner, stattfindet. Mickey hat Nguchi vorher noch nie getroffen, aber sie bedauert das auch nicht, denn der kleine, gedrungene, laute Mann beeindruckt sie nicht. Außerdem ist er, als er mit zwei Kameraden ziemlich spät ankommt, schon betrunken. Nguchi besteht darauf, jeden Anwesenden mitten auf den Mund zu küssen, egal ob Mann oder Frau. Mickey hört zufällig wie sich ein Mann sogar über einen Zungenkuss beschwert. Anfangs wandern alle Gäste mit ihren Gläsern in der Hand umher und unterhalten sich. Da sind einige Ärzte und Schwestern, japanische Soldaten und Gendarmen mit ihren hübschen chinesischen Freudinnen, die vor dem Krieg die amerikanischen Boys beglückt haben. Als die Party lauter wird, bemerkt Mickey plötzlich, dass alle anderen Frauen sich klugerweise still verabschiedet haben.

Ein japanischer Offizier, mit dem Mickey sich unterhalten hat, besteht darauf, dass sie mit ihm, Nguchi und einigen Freunden zum

Dinner geht. Die Gefährlichkeit ihrer Situation erkennt sie erst, als sie zusammen mit Nguchi und zwei anderen Offizieren, alle stark betrunken, in einem Auto sitzt. Während der Fahrt versucht sie so gut wie möglich die Zudringlichkeiten des Japaners abzuwehren. Schließlich hält der Wagen vor einem bekannten chinesischen Restaurant, dem *Golden Dragon* in der Innenstadt. Mickey erkennt es, denn sie hat oft mit Charles und seinen Mitarbeitern Gäste hierhin eingeladen. Noch auf dem Bürgersteig diskutieren die Japaner, wie es weitergehen soll. Nguchi will zuerst Mickey mit auf sein Hotelzimmer nehmen, aber die anderen sind hungrig. Während der allgemeinen Diskussion nutzt Mickey die Gelegenheit, betritt das Restaurant und ruft: «*Helft mir hier raus!*» Der erstaunte Manager ist Ah Kings Bruder. Schnell versteckt er Mickey in der Speisekammer, und schon Sekunden später stürzen ein verärgerter Nguchi und seine Kumpane ins Restaurant. Sie rufen: «*Wo ist die Frau?*» Der Manager weist nach oben, wo sich die privaten Speiseräume befinden. Während die Japaner die Treppe hinauf stürmen, lässt ein chinesischer Ober Mickey zur Hintertür hinaus, wo schon eine Rikscha wartet. Grinsende Ober winken der davon eilenden Mickey zu, und selbst Nguchis Chauffeur hält Wache. Mickey ist erleichtert, nichts mehr von Nguchi zu hören, bevor er Hongkong verlässt.

Bereit zu reisen
Tsuneo Hattori

Mickey hält weiterhin Kontakt zu einigen Japanern, um so viel wie möglich über Charles und sein Befinden zu erfahren. Im Sommer 1943 sieht es so aus, als ob die Insassen von Argyle Street Camp verlegt werden sollen. In diesem Fall könnte Mickey Charles nicht mehr versorgen. Tsuneo Hattori, Leiter des Auswärtigen Amtes und Nachfolger von Oda, bestellt Mickey eines Tages in sein Büro. Er lässt sie wissen, dass ein zweiter und wahrscheinlich auch letzter japanisch-amerikanischer Gefangenenaustausch für September geplant ist; Mickey könnte Hongkong verlassen. Aber sie zögert noch, weil sie nicht weiß, wie Charles darüber denkt. Da verspricht Hattori, ihn persönlich aufzusuchen und zu fragen. Kurz darauf bringt er Mickey folgende Antwort:

«Verlasse unbedingt mit Carola die Stadt. Sobald der Krieg vorbei ist, komme ich nach Amerika und mache eine «anständige» Frau aus dir.»[18]

Das, so scheint es Mickey, ist einer der ungewöhnlichsten Heiratsanträge, den eine Frau jemals erhalten hat, und sie bittet Hattori, sich um die Ausreise zu kümmern.

Die folgenden Wochen vergehen rasend schnell. Mickey verkauft alles, was sie noch besitzt, und gibt den Erlös Ah King, dem treuen Koch, und Ah Yuk, der Kinderfrau. Zwischendurch bemüht sie sich um die Erlaubnis, Charles noch einmal vor ihrer Abreise zu treffen. Sie schreibt einen äußerst höflichen, aber gefühlvollen Brief an Oberst Tokunaga, den Lagerkommandanten. Darin bittet sie darum, Charles, den Mann, den sie liebt, den Vater ihres Kindes, noch ein letztes Mal zu sehen. Wunderbarerweise ist der Brief erfolgreich. Tokunaga hat Tränen in den Augen, als sein Übersetzer vorliest. Nach ein paar Minuten Überlegung stimmt er zu, das Gesetz zu brechen, vorausgesetzt, dass der General nichts dagegen hat und niemand von dem Arrangement erfährt.

Zwei Tage bevor das Schiff ablegt stehen Mutter und Tochter erwartungsvoll vor dem Tor des Lagers. Carola trägt ein blaues Organza-Kleidchen mit einem dazu passenden Hut und Mickey schaut fröhlich drein. Sie warten auf Charles, dessen Arm gerade massiert wird und der nichts von dem Besuch weiß. Sie warten und warten, und nach anderthalb Stunden ist das Kleidchen verkrumpelt und Mickey genervt. Ein Jahr und acht Monate hat sie nicht mit Charles gesprochen, wie wird er sein? Dann kommt er endlich, sieht die beiden, grinst, und alles ist gut. Als der Wachoffizier sich umdreht, können sie sich kurz küssen, und schon ist es Zeit für Charles zu gehen. Carola sagt leise: «Der Onkel ist fort.» Worauf Ah Yuk erklärt: «Dummchen, das ist doch dein Daddy!» «Oh», meint Carola, «Daddy ist fort.» Und sie weint.

Rückkehr nach Hause
1943

«Eingefleischte Wanderer wie ich,
müssen für ihre Familie
ziemlich schwer zu ertragen sein.»

Emily Hahn

Mit dem Schiff um die halbe Welt

Mickey und Carola, auf der Passagierliste eingetragen als eine in Amerika geborene Chinesin mit Tochter, verlassen Hongkong, Stanley Harbour, am 23. September 1943. Zwei Tage später wird Charles zusammen mit Verbündeten gefangen genommen und der Spionage bezichtigt. Zum Glück wissen Frau und Tochter nichts davon und sind schon an Bord der japanischen *Teia Maru*. Es ist die zweite und letzte Heimkehrerreise aus dem von Japan besetzten China. Das ehemals französische Schiff hat einen Weinkeller für Qualitätsweine, der noch gefüllt ist, was erheblich zum Wohlbefinden einiger Passagiere beiträgt. Die *Teia Maru* ist für 700 Passagiere ausgelegt, beherbergt nun aber doppelt so viele. Mickey belegt eine Kabine mit drei anderen Frauen und wird von roten Ameisen geplagt. Die Hälfte der Reisenden sind Missionare mit ihren Familien, die sich ruhig verhalten, in den Philippinen kommen jedoch noch ein Dutzend Ex-Marines dazu, fortan wird es laut an Bord.

Nach drei Wochen Seereise legt die *Teia Maru* in der portugiesischen Kolonie Goa, an der Westküste Indiens, an. Hier findet ein Passagieraustausch statt. Hunderte Japaner, die aus Amerika ausgewiesen wurden, zwängt man nun in das schmutzige Schiff, während Mickey und ihre Mitreisenden an Bord der neuen, blitzsauberen schwedischen *Gripsholm* willkommen geheißen werden. Sie sind entzückt, dass es auf dem Schiff große Kabinen, Waschräume und sogar einen Friseur gibt. Carola, unterernährt und leichtgewichtig, hat noch nie so viel zu essen gesehen. Mickey engagiert eine eurasische Kinderfrau, Kitty Bush, die kantonesisch spricht, und Carola feiert am 17. Oktober ihren zweiten Geburtstag mit einer richtigen Geburtstagstorte auf See zwischen Südafrika und Brasilien.

Die Gripsholm

Eines Tages entdeckt Mickey unter den Passagieren einen Mann, den sie zu kennen glaubt. Und es ist wahrhaftig Morris »Two-Gun« Cohen, der 1922 nach China kam, für Chiang-Kai-shek arbeitete, und nun nach Hause zurückkehrt. Sie hat ihn als gepflegten, kräftigen Mann in Chongqing und Hongkong getroffen. Nun hängt ein altes Jackett, das drei Nummern zu groß ist, in Falten um seinen einst korpulenten Körper, und er trägt dazu knallrote Shorts, die aus Gardinen geschneidert wurden. Abends hat Cohen genügend Zeit, bei Champagner und Mitternachtssnacks Mickey an der Schiffsbar aus seinem Leben und von seinen letzten Monaten in Hongkong zu erzählen.

Ich wurde zusammen mit anderen Ausländern gefangen genommen. Als die Japaner merkten, dass ich eine Art General der Nationalisten war, wurde ich zu einem Gefängnis gebracht, das lustigerweise ehemals ein Bordell gewesen ist. Nachdem ich lange Zeit nur von einem Gemisch aus Erdnussöl, Reis, Wasser und Zucker gelebt hatte und mit Bambusstöcken geschlagen worden war, musste ich ein Geständnis unterschreiben, dass ich für die sogenannte «Chinesische Nationale Regierung» gearbeitet hätte.

Danach wurde ich dann eines Morgens in den Hof geführt, musste mich hinknien und den Kopf senken. Nun glaubte ich, mein letztes Stündchen hätte geschlagen und betete laut «Hör O Israel». Da zog ein Offizier ein Samurai-Schwert aus der Scheide, aber anstatt mich zu köpfen, gab er mir nur einen Tritt in die Rippen, und ich wurde ins Stanley Camp gebracht. Überraschenderweise entschuldigte man sich hier für die brutale Behandlung. Dann stellte sich heraus, dass der Aufseher für die Strafgefangenen ein alter Bekannter von mir war: Mr. Yamashita, der kleine japanische Friseur aus dem Hongkong Hotel, in dem ich lange als Dauergast lebte. Mit der Zeit wurde ich ziemlich bekannt im Camp. Eines Tages, als wir Internierten die einmalige Chance hatten, Lebensmittel zu kaufen, nahm ich meine ganze Barschaft und besorgte für 75 $ braunen Zucker, den ich an die Kinder verteilte.»[1]

Morris Cohen in guten Zeiten

Recht unterhaltsam geht die Reise weiter, niemand braucht mehr Angst vor Bombenangriffen zu haben, und es gibt für alle reichlich zu essen und zu trinken. Nun verwandeln sich die Flüchtlinge allmählich wieder in die Personen, die sie einstmals waren. Die Diplomaten geben sich zurückhaltend, die Missionare predigen, die Geschäftsmänner erteilen Ratschläge an alle, die ihnen zuhören, und ihre Frauen beginnen das soziale Leben auf dem Schiff zu organisieren. Ohne weitere Zwischenfälle ankert die *Gripsholm* in Port Elizabeth/Südafrika und in Rio de Janeiro/Brasilien. Die letzten beiden Wochen bis nach New York werden für jeden einzelnen Passagier sehr lang.

Ankunft in New York

Am Abend des 30. November 1943 erreicht die Gripsholm den Hafen von New York. Viele Passagiere haben sich auf Deck versammelt, und als das Schiff an der Freiheitsstatue vorbeigleitet, singen sie im Chor *God Bless America!* Endlich angekommen! Cohen und andere Kanadier bringt man am folgenden Morgen mit Bussen zur Grand Central Station, wo sie von «Mounties»[2] empfangen und auf der Zugfahrt nach Norden begleitet werden. Alle anderen Passagiere müssen sich einer intensiven stundenlangen Befragung unterwerfen, und auf Mickey wird besonderes Augenmerk gelegt. Die FBI-Agenten sind sehr an ihrer achtjährigen Abwesenheit interessiert und bestürmen sie mit Fragen. Carola wird derweil unruhig und schreit so sehr, dass man Mickey rät, das Kind einer Verwandten, die an der Pier wartet, zu übergeben. Es ist Helen, die wartet. Mickey drückt ihr nur das Kind in den Arm, und umgehend wird sie zum Verhör zurückgebracht.

Immer wieder die gleichen Fragen:
Warum waren Sie nicht wie andere Amerikaner interniert? Wie war Ihre Beziehung zu Shao Sinmay? Wie war Ihre Beziehung zu Charles

*Boxer? Warum verkehrten Sie mit hochrangigen japanischen Offizieren?
Waren Sie eine japanische Spionin?*[3]

Mickey beantwortet alle Fragen vorbehaltlos ehrlich und gesteht
sogar, dass sie von Freunden in Hongkong eine auf Seide geschrie-
bene Nachricht an Leute in New York mitgebracht habe. Das Stückchen Stoff ist in den Ärmel von Carolas blauem Kleid eingenäht. Nun
glauben die Sicherheitsbeamten, endlich etwas gefunden zu haben.
Das Kleidchen wird an das Hauptquartier des FBI nach Washington
gesandt und dort untersucht.[4]

Nach einem ganzen Tag mit Befragungen haben die Agenten einiges Interessante erfahren, aber nichts, was auf Spionage hindeutet, und Mickey erhält die Erlaubnis, das Schiff zu verlassen.

Nur noch wenige Menschen warten am Quai, aber unter ihnen ist ein Freund ihres Schwagers, der sie zu Helen und Herberts Apartment in der Stadt bringt. Dort wartet auch ihre 87jährige Mutter Hannah, die extra aus Chicago angereist ist. Carola hat sich verschreckt unter dem Sofa verkrochen und kommt nicht mehr hervor. Niemand hatte die Familie gewarnt, dass das Kind kein Englisch spricht.

Harold Ross, Mickeys Freund und Herausgeber von *The New Yorker* hat Hannahs Zugticket von Chicago nach New York bezahlt und kommt schon am Abend des 2. Dezember zusammen mit seiner Frau Ariane ins Hotel, wo er Mickey mit Fragen bestürmt. Auch John Gunther und andere Bekannte schauen vorbei, und alle erkundigen sich nach Charles. Mickey weiß nichts Genaues. Freunde, die aus Hongkong zurückkehren erzählen, es gäbe Gerüchte, Charles sei hingerichtet worden. Die Japaner hätten im *Argyle Street Camp* einen Transmitter entdeckt und die Schuldigen bestraft. Aber Mickey glaubt nicht an Charles Tod.

Ein neues Leben

Emily Hahn und Carola, New York, 1944

Mickey und Carola haben Mühe, sich in der neuen Welt einzugewöhnen. Zuerst muss eine Kinderkrippe für Carola gesucht und gefunden werden. Die Leiterin der Institution schlägt vor, Carola von einem Arzt untersuchen zu lassen. Doktor Spock, der Arzt, hat Schwierigkeiten mit Carola zu kommunizieren, denn sie weigert sich, Englisch zu sprechen und weint immer wieder. Da meint er:

«Sie ist so verängstigt. Ist sie niemals glücklich?»

Mickey antwortet: *«Oh ja, sie ist glücklich, wenn wir in ein chinesisches Restaurant gehen, wo sich alle Ober um sie versammeln und zuschauen, wie sie mit Stäbchen isst. Sie unterhalten sich mit ihr, und sie sich mit ihnen. Aber ich kann nicht jeden Tag mit ihr dorthin gehen. – Und sie schläft schlecht, wacht mehrmals in der Nacht auf und schreit.»*

Doktor Spock erwähnt, dass Kinder oft die Gefühle der Eltern widerspiegeln, und Mickey erklärt:

«Mir geht es gut. Mir geht es wirklich gut. Ich warte nur darauf, dass der Krieg endet. Ihr Vater ist im Gefangenenlager.»[5]

Der Arzt stellt fest, dass Carola keine großen körperlichen Probleme hat, sie ist nur auf Grund der Unterernährung sehr dünn, und ihre Haare werden bald wachsen. Aber die Angst muss sie überwinden. Mickey soll sie in Maßen verwöhnen, im gleichen Zimmer mit ihr schlafen, sie nicht im Dunkeln weinen lassen, außerdem ein Nachtlicht kaufen. Nachdem Mickey alle Ratschläge befolgt, geht es Carola besser. Sie lernt amerikanisches Essen zu genießen, spricht bald nur noch Englisch, befreundet und verfeindet sich mit den Jungen und Mädchen in der Spielgruppe. Als sie mit ihrer Mutter nach Winnetka/Chicago zu Besuch fährt, unterscheidet sie sich kaum von anderen Kindern ihres Alters.

Die Familie hat keine Probleme mit Carola, sondern eher mit Mickey, die sich irritierende Verhaltensweisen angewöhnt hat. Sie flucht ständig laut und deutlich, sie hat keine Tischmanieren mehr, und sobald die Speisen auf dem Tisch stehen, beginnt sie zu essen. In aller Öffentlichkeit raucht sie Zigarren und schockt ihre Familie, als sie sich unbekleidet von dem New Yorker Starfotografen George Platt Lynes ablichten lässt. Es scheint, als wolle sie die Kriegsjahre in Hongkong auslöschen, Versäumtes nachholen und die Sorge um Charles verdrängen. All das könnte sie erklären, aber würde man sie verstehen?

Als sich *China to Me* im Herbst 1944 als ein großer Erfolg erweist und 700.000 Kopien verkauft werden, fühlt Mickey sich reich. Umgehend mietet sie ein elf-Zimmer Stadthaus in Upper Manhattan und stellt Willy Schumacher, einen gebürtigen Holländer, als Koch und Hausangestellten ein. Willy ist ein etwas zwielichtiger Charakter, der sich sehr gut auf dem Schwarzmarkt auskennt und von dort nicht nur die besten Steaks, sondern auch Drogen mit nach Hause bringt. Er kann ausgezeichnet kochen und zeigt sich als ein interessanter Unterhalter. Mickey versteht sich blendend mit ihm, gemeinsam wird gegessen und diskutiert. Was Mickey jedoch anfangs nicht bewusst ist – Willy und seine Frau sind morphinabhängig. So dauert es nicht lange bis auch sie, nach vierjähriger Abstinenz, der Versuchung nicht widerstehen kann.

Zusätzlich fordern emotionaler und physischer Stress ihren Tribut und im Januar 1945, während eines Besuchs bei den Eltern in Winnetka, bricht Mickey mit hohem Fieber zusammen, als sie auf einer Militärbasis in der Nähe einen Vortrag halten soll. Der Armeearzt schickt sie umgehend ins Krankenhaus, damit sie Penicillin erhält, was ihr Fieber und die Schmerzen von zwei Furunkeln, die sie am Rücken hat, lindern soll. Niemand kann ahnen, dass Mickey um ihr Leben kämpfen muss. Es ist ihr großes Glück, dass gerade an diesem kalten Januartag ein von Deutschen ausgebildeter Pathologe, der in den Philippinen gearbeitet hat, in der Notaufnahme anwesend ist. Bevor Mickey in Ohnmacht fällt, kann sie noch seine Fragen beantworten, und er stellt die Diagnose: Es handelt sich um *Borneo Sores*, eine durch Streptokokken ausgelöste Infektionskrankheit, die unbehandelt zum Tode führt. Zu diesem Zeitpunkt ist das erst der vierte Fall in USA und der erste im Mittleren Westen. Ohne die Erfahrung dieses Arztes wäre Mickey gestorben. Bei einer lebensrettenden Operation entnehmen die Ärzte aus den brandigen Furunkeln fast einen Liter Flüssigkeit, und erst nach mehreren Tagen kann man der Familie mitteilen, dass Mickey überleben wird.

Wieder genesen, kehrt Mickey nach New York zurück und widmet sich erneut dem Schreiben. Sie hat eine sehr kreative Phase, entwirft die Texte für zwei Bilderbücher und arbeitet an einer Biografie über Sir Thomas Stamford Raffles (1781-1826), den Abenteurer, der 1819 den Union Jack über Singapur hisste. Den Sommer verbringen Mickey und Carola mit Patrick Putnam und seiner Frau im Sommerhaus der Familie in Martha's Vineyard.

Als es Herbst wird, kommen gute Nachrichten, denn am 14. September 1945 erscheint in der United Press folgende Notiz:

BEFREITE BRITISCHE GEFANGENE HABEN HEUTE ERZÄHLT WIE SIE IHRE AUGEN SCHLOSSEN UND WEINTEN ALS EINE JAPANISCHE FEUERBRIGARDE EINEN AMERIKANISCHEN PILOTEN ERBARMUNGSLOS HINRICHTETE: --- MAJOR CHARLES BOXER AUS DORSET / ENGLAND PLANT IN DIE USA ZU KOMMEN UND DIE IN MANHATTAN LEBENDE SCHRIFTSTELLERIN EMILY HAHN SO BALD WIE MÖGLICH ZU HEIRATEN.[6]

Von überall her erhält Mickey nun Glückwünsche, am meisten freut sie sich über eine Nachricht von Vicki Baum.

LIEBSTE MICKEY BIN SCHRECKLICH FROH ÜBER DIE GUTEN NACHRICHTEN UND HOFFE INBRÜNSTIG DASS SELBST DIE GLÜCKLICHSTE EHE KEINE EHRBARE FRAU AUS DIR MACHT.

Noch aus dem Camp in Kanton schreibt Charles einen Brief an Mickey, den Freunde in Macao aufgeben:

«Ich bin fit und wohlauf. Zwei Jahre in Oberst Nomas Kursen für «Böse Buben» in den Gefängnissen von Stanley und Kanton haben mir ziemlich gut getan. Doch nun im Ernst: Es ist vollkommen unmöglich, all die Millionen Dinge niederzuschreiben, die ich dich fragen will, und ich werde es nicht einmal versuchen, aber bitte lass mich wissen

a. Fühlst du immer noch dasselbe für mich wie 1943, oder hast du jemand anderen?

b. Wenn du noch genauso fühlst, wo und wann sollen wir uns treffen und heiraten?

c. Meine eigenen Gefühle sind unverändert, aber ein Wort von dir lässt mich schweigen, und es wird nicht mehr über das Thema gesprochen. [7]

Im August 1945 rücken chinesische Truppen im Gefangenenlager ein, gefolgt von britischen Soldaten. Während der ersten Woche im September werden dann alle Gefangenen nach Hongkong gebracht. Hier trifft Charles seinen alten Diener Ah King wieder, der es geschafft hat, während der zwei Jahre nach Mickeys Abreise in der von Japanern besetzten Stadt zu überleben.

Familie Charles Boxer
1945

«Ich hasse Hausarbeit!»

Emily Hahn

Wiedersehen in New York

Mitte Oktober hat Charles in Hongkong alle Vorarbeiten für die Gerichtsverhandlung mit den Japanern erledigt. Nachdem er Ah King einen guten Job in der Offiziersmesse besorgt hat, verlässt er ohne großes Aufheben die Stadt. An Bord des britischen Cargo-Schiffes *Shirrabank* macht er sich am 23. Oktober auf den Weg nach San Franzisco. Am 22. November 1945 wird Charles Boxer von Mickey und Carola am La Guardia Airport/New York empfangen. Eine Menge Reporter bestürmen das Paar mit Fragen. *«Was werden Sie nun machen? Wohin gehen Sie? Wie feiern Sie Thanksgiving?»* Mickey antwortet lachend: *«Wenn ich eine Pfanne finde, gibt es etwas zu essen.»* Das ist natürlich ein Witz, denn Willy hat ein Begrüßungsmahl vorbereitet, und Charles kommt in der amerikanischen Wirklichkeit an: Der Koch sitzt mit am Tisch und duzt Mickey.

Sobald sie aber Zeit für sich alleine haben, berichtet Charles von der verlorenen Zeit:

Charles Boxer in Gefangenschaft – POW- Prisoner Of War

Zwei Jahre lang haben Charles Boxer und einige andere Offiziere Informationen an das britische Military Intelligence Office in Chongqing weitergegeben. Charles informierte außerdem seine Mitgefangenen über den Fortgang des Krieges, indem er heimlich die Nachrichten mit einem selbstgebauten Radioempfänger abhörte. Auch entzifferte er japanische Zeitungsfetzen, die ins Argyle Street Camp eingeschmuggelt wurden. Man verhaftet Charles und sieben andere Gefangene, weil sie den Radioapparat zusammengebastelt haben. Vier der Männer werden sofort hingerichtet. Charles und die beiden anderen entgehen nur dem Tode, weil Charles aufgrund seiner japanischen Sprachkenntnisse die

Offiziere dazu überreden kann, die Todesstrafe in 15 Jahre Zuchthausstrafe umzuwandeln.

Nach dem Urteilsspruch wird er umgehend in das Stanley Gefängnis überführt, das sich in der Nähe des Stanley Camps befindet, in welchem die westlichen Bürger interniert sind. Wie so viele andere Gefangene kommt er in eine kleine dunkle Zelle, in der sich nur ein Toiletteneimer und eine Strohmatte zum Schlafen befinden. Die umherlaufenden Ratten und Mäuse machen ihn fast verrückt. Außerdem sind die Japaner bemüht, ihm das Leben so unerträglich wie möglich zu machen, denn sie kennen seine frühere Position als Leiter des britischen Geheimdienstes und wissen um seine Verbindungen zu hohen feindlichen und auch zu japanischen Offizieren.

Mehrere Monate lang kniet Charles tagsüber auf seinen Schenkeln auf dem bloßen Boden, wie es von den Gefangenen erwartet wird. Dabei starrt er die blanke Wand an, beschwert sich niemals und spricht kaum. Als sein Körper schwächelt und seine Hoffnung schwindet, schwebt sein Geist in Regionen, in die seine Peiniger nicht folgen können. Solcher Stoizismus verwirrt viele seiner Wächter, die einfache Landarbeiter sind. Sie bewundern diesen britischen Offizier, der die Kunst des Kend?1 beherrscht und Japanisch spricht wie ein Gelehrter. Im Laufe der Zeit lernt Charles seine Wächter kennen und baut zu einigen von ihnen ein freundschaftliches Verhältnis auf. Dann liest er ihnen Geschichten aus japanischen Zeitungen vor. Ein Wachmann verspricht ihm, ein Buch in englischer Sprache zu besorgen, und Charles wünscht sich eine Ausgabe der Werke Shakespeares. Eines Tages bekommt er wirklich ein Buch; der Deckel fehlt und Shakespeares Werke kommen in Bruchstücken, aber das alles ist unbedeutend. Charles liest und liest abermals, in den langen einsamen Stunden lernt er die Sonette ebenso auswendig wie ganze Theaterszenen. Shakespeare wird seine Rettungsleine zur Realität.

Im Mai 1945, kurz nach Beendigung des 2. Weltkrieges, verlegen die Japaner Charles und andere Offiziere in ein Gefangenenlager in der Nähe der Stadt Kanton. Die Männer sind schmutzig, hungrig und haben diverse Krankheiten. Charles leidet an Beriberi, einer Krankheit, hervorgerufen durch Nahrungsmangel, die sich in Gewichtsverlust, Schwellungen, Taubheit in den Gliedern und anderen schweren Symptomen äußert. Die Japaner in Stanley haben die Gefangenen bewusst hungern lassen, weil sie wissen, dass schwache Männer weniger Probleme machten.

In Kanton dagegen sind die Gefangenen im Freien, bei Sonnenschein und frischer Luft. Charles verhandelt mit seinen Wächtern und bittet darum, die Männer einen kleinen Garten anlegen zu lassen, in dem sie Kräuter und Gemüse anbauen können. Er erhält sogar die Genehmigung, mit Abfällen kleine Feuer zu machen, und bald wird Teewasser erhitzt. Eigenhändig kann Charles aufgrund seiner Verletzung nicht mithelfen, aber er organisiert alles. Schließlich schafft er es sogar, dass man ihn rasiert.

Die letzten vier Monate des Krieges verbringt Charles im Camp in Kanton. Vier Tage nach dem Waffenstillstand am 15. August 1945 werden er und ein weiterer Offizier zu einem zeremoniellen Versöhnungsmahl geladen, gekleidet in bizarre weiße Uniformen und Schuhe, die extra für diese Veranstaltung hergestellt worden sind. Dann verschwinden die Japaner lautlos, und die Gefangenen sind sich selbst überlassen. Mit dem Zug kehren sie nach Hongkong zurück und überleben dabei als zusätzliches Abenteuer noch einen Guerilla-Angriff.

Die meisten Engländer wollen so schnell wie möglich nach Hause, aber Charles entschließt sich, noch ein paar Wochen in Hongkong zu bleiben. Man hat ihn gebeten, beim Wiederaufbau des britischen *Military Intelligence Office* zu helfen, und als Mitglied des

Untersuchungsausschusses für japanische Kriegsverbrechen zu fungieren. An Mickey schreibt er:.

«Ich möchte sichergehen, dass die Schurken dieses Dramas nicht davonkommen, solange ich es verhindern kann.»

Gleichzeitig versucht er, so viel wie möglich von seiner Büchersammlung wiederzufinden, denn viele der 2.000 Bände, die den Plünderern in die Hände fielen, sind unersetzlich. Zu diesem Zeitpunkt hat er erst 200 Exemplare zurückerhalten, der Rest soll angeblich im Februar 1942 nach Japan verschickt worden sein. Nun findet er einen großen Teil in der kaiserlichen Bibliothek in Tokio und kann veranlassen, dass seine wertvollen Bücher nach England versandt werden.

An einem anderen Buch ist Charles jedoch besonders interessiert. Es handelt sich um *China to Me*, das für reichlich Gesprächsstoff unter seinen Freunden sorgte, nachdem sie es gelesen hatten. Charles weiß auch weshalb. Es gefällt ihm, was Mickey über die Japaner Oda und Hatori geschrieben hat, aber die Passagen, die ihn selbst betreffen, sind ihm eher unangenehm. Er versichert Mickey später:

«Das Buch ist sehr gut geschrieben, ich glaube, du könntest noch nicht einmal schlecht schreiben, selbst wenn du es wolltest. Es war mir aber nicht bewusst, wie elefantenhaft dein Gedächtnis ist. So hat es mich ziemlich verblüfft, eine dumme Bemerkung zu lesen, die ich betrunken auf einer Party gemacht habe. Das nächste Mal, Mickey, wenn ich mit dir ausgehe, nehme ich einen Lappen oder einen Knebel mit und bitte jemanden, ihn mir zwischen Drinks in den Mund zu stopfen.»[2]

Mitte Oktober hat Charles alle Vorarbeiten für die Gerichtsverhandlung erledigt. Nachdem er Ah King einen guten Job in der Offiziersmesse besorgt hat, verlässt er ohne großes Aufheben Hongkong.

Ein paar Tage nach seiner Ankunft in New York erhält Charles die Nachricht aus London, dass seine Scheidung von Ursula rechtskräftig ist. Umgehend beantragt er eine Hochzeitsgenehmigung für die Ehe mit Mickey, doch der Antrag wird abgelehnt. Das Gesetz in New York schreibt vor, dass nach einer Scheidung wegen Ehebruchs eine dreijährige Wartezeit vonnöten ist; gleiches gilt auch im Nachbarstaat New Jersey. Charles und Mickey lösen das Problem, indem sie am 28. November nach New Haven, Connecticut, fahren. Eigentlich muss man dort vor der Ehe einen Bluttest machen lassen und fünf Tage warten, aber das wird ihnen erlassen und ein Friedensrichter traut sie im Rathaus.

Charles hatte erwartet, bei seiner Rückkehr ungefähr 16,000 US$ auf seinem Konto zu haben, aber es stellt sich heraus, dass Ursula ihm nicht nur die Freiheit gegeben, sondern sich auch seiner Ersparnisse angenommen hat. Es sind noch gerade 400 US$ da. Damit er wenigstens etwas zum Unterhalt der Familie beitragen kann, entschließt sich Charles, im Dienste seiner Majestät zu bleiben, und bewirbt sich um eine Stelle in der Mandschurei, in Japan oder in Singapur. Bis eine Benachrichtigung kommt, soll er an einem Internationalen Militär Tribunal in Tokio teilnehmen, das sich mit der Verurteilung von japanischen Kriegsverbrechen befasst. Kurz nach Weihnachten 1945 macht sich Charles, der ehemalige Kriegsgefangene, auf eine fünfwöchige Reise nach Tokio. Sobald er zurück ist, beginnt er eine Therapie für seinen verwundeten linken Arm, dazu besucht er mehrere Wochen lang täglich eine Physiotherapie-Klinik auf *Staten Island*. Da die Armee nicht weiß, wie und wo sie einen Major mit einem verletzten Arm einsetzen soll, wird Charles fürs erste auf unbegrenzte

Zeit krankgeschrieben. Er beschließt, die Gelegenheit zu nutzen und nach England zu reisen, um die Familie zu besuchen und um nach Conygar, seinem Erbe, zu sehen.

Dorset – eine Grafschaft in Südwest-England

Conygar – Das Landhaus in England

Am 28. Januar 1946 verlassen Charles, Mickey, Carola und das Kindermädchen an Bord der *Queen Mary* New York. Ihr Ziel ist Conygar, der Besitz in Dorset/England, den Charles von seiner Großmutter geerbt hat.

Mickeys erster Blick auf das Anwesen bestätigt ihre schlimmsten Erwartungen. Selbst in der Dunkelheit ihrer verspäteten Ankunft kann sie sehen, dass das große alte rote Backsteinhaus von Gestrüpp überwachsen ist. Auf dem Rasen tummeln sich unzählige wilde Kaninchen, die auf ihre eigene Art und Weise dafür sorgen, dass der Platz einen unauslöschlichen Eindruck hinterlässt. Charles erklärt ihr:

«Kaninchen sind nicht einheimisch auf den Britischen Inseln. Sie wurden im Jahre 1066 von den siegreichen Normannen aus Frankreich auf die Insel gebracht. «Cony», das normannische Wort für Kaninchen wurde im West County noch bis 1945 gebraucht; «Garth» ist das sächsische Wort für Farm. Somit ist die wörtliche Übersetzung von «Conygarth» bzw. der Kurzform «Conygar» «Kaninchenfarm.»[3]

Für Mickey klingt das anfänglich interessant, aber die Wirklichkeit stellte sich nach erster Überprüfung als weniger vielversprechend heraus. Das monumentale, im Tudor-Stil erbaute Haus hat riesige bleiverglaste Fenster, eine große geschwungene Eichentreppe und 30 Zimmer. Es wurde 1908 von einem begüterten Mann erbaut, der seine Interessen schnell änderte. Zuerst wollte er sein Leben damit verbringen, englische Bulldoggen zu züchten. Während der Bauzeit von Conygar lebte er in einem Cottage und beaufsichtigte die Arbeiten an Haus und Hundehütten. Nach dem Umzug ins große Haus beschloss er Rennpferde zu züchten, die Ställe und Hundehütten blieben vorhanden. Drei Jahre später heiratete der Besitzer und verkaufte das Anwesen an Charles' mütterliche Großmutter, Lady Patterson. Sie entschied sich für Conygar, weil es höher lag und trockener war als alle anderen Gebäude in der Gegend und weil es außerdem durch einen Hügel vor dem Seewind geschützt wurde. Die Großmutter ließ noch einen West-Flügel anbauen, in dem sich ein wunderschöner großer Raum befindet, ein Gesellschaftszimmer. Nachdem eine Art vorsintflutlicher Zentralheizung installiert war, stellte die stolze Hausbesitzerin einen jungen Mann, Mr. Hammond, als ihren Chauffeur ein und seine Braut als Köchin und Hausmädchen.

Charles' Mutter war das einzige von Lady Pattersons drei Kindern, das heiratete. Sie lebte auf der *Isle of Wight*, wenn sie nicht mit ihrem Ehemann in Indien war oder mit ihren Kindern den Sommer in Conygar verbrachte. Damals war Conygar noch ein Paradies. Hier wurden Bienenstöcke heftig umschwirrt, Tauben flogen am Taubenschlag ein und aus, Kühe muhten im Stall und Enten watschelten um den Teich. Drei oder vier Gärtner kümmerten sich um den Gemüsegarten und die Rasenflächen des ca. 20 Hektar großen Grundstücks. Charles hat gute Erinnerungen an seine Ferien auf dem Lande, aber inzwischen sind fast 30 Jahre vergangen, und während des Krieges hatte die Armee das Haus beschlagnahmt. Zeit und Soldaten haben ihre Spuren hinterlassen.

Am Morgen nach der Ankunft betrachten die Boxers zum ersten Mal die Anlage. Mickey stellt fest, dass es hier ganz sicher Großbritanniens beste Brennnesseln gibt; Carola ist damit schon in Berührung gekommen und weint. Vor dem Haus haben die Hammonds zu Ehren der Ankommenden eine kleine grüne Rasenfläche geschaffen, auf der sich zwei Kaninchen, dem Anwesen alle Ehre machend, tummeln. Zu Fuße des terrassenförmig angelegten

Rasens erstrecken sich Brennnesseln, Brombeerhecken, Dornengestrüpp, und der Conygar-Hügel ist dicht bewachsen mit Kiefern und Fichten.

Charles erinnert sich an alte Zeiten und erzählt Mickey von seinem Onkel Myles. Dieser Bruder seiner Mutter wohnte als letzter der Familie in Conygar. Er fand das Leben hier so trostlos, dass er eines Tages seine Flinte holte, ins Feld ging und seinem Leben ein Ende setzte. So kam es, dass die drei jungen Boxerkinder nun die Erben von Grundstück, Haus und sämtlichem Inventar waren. Man traf sich, um zu entscheiden, was mit dem Erbe geschehen solle. Charles wurde das Haus zugesprochen, da die anderen es nicht wollten, der Rest würde aufgeteilt werden. Ein Gutachter kam zum Anwesen, der erachtete jedoch nichts als wertvoll, und somit machten sich die Erben an die Arbeit, schleppten alles Mögliche hinaus und entzündeten ein riesiges Feuer. Als Mickey die Räumlichkeiten zum ersten Mal sieht, möchte sie es am liebsten genauso machen, denn sie beschreibt ihr neues Zuhause folgendermaßen:

Die großen Wohnräume sind zugestellt mit allem Möglichen. Allein im Wohnzimmer liegen 60 Kissen, stehen zu viele kleine Tischchen mit großen gerahmten Fotografien, Gemälde in schweren vergoldeten Rahmen, riesige noble Reisekoffer, Lackkistchen mit Karten- und Backgammon-Spielen, kleine Glasvitrinen, in denen Elfenbeinfächer, chinesische Glasfläschchen und Statuetten und Büsten von Negerjungen zur Schau gestellt sind. Tante Alice hatte eine Passion für geschnitzte Negerköpfe, während die Großmutter Hunde bevorzugte – Elfenbeinhunde, Holzhunde, Porzellanhunde, alle Hunde außer lebenden, die waren verhasst. Auch die oberen Zimmer sind wenig einladend und gespenstisch, besonders in der Nacht. Die Schlafzimmer groß, windig und verstaubt, vollgestellt mit Waschtischen, Krügen und Schemeln. Fußboden und Türen quietschen. Die Wasserleitungen tropfen.

Mickey schlägt Charles vor, vieles auszuräumen, selbst die Waschtische, denn diese seien vollkommen überflüssig, da sie nicht benutzt würden. Charles, der Engländer, erklärt:

«Man braucht einen Waschtisch und einen Krug im Schlafzimmer. Wir hatten das immer.»[4]

Das ist das Ende der Diskussion.

Es ist kein Wunder, dass Mickey und Carola den Übergang von der hellerleuchteten lebhaften Stadt New York in die Einsamkeit des ländlichen Dorsets nicht einfach finden, insbesondere ohne Auto. Carola weint während der ersten Wochen ständig und will nach Hause. Mickey kauft ihr als Spielgefährten einen kleinen Hund, einen Corgi,[5] den sie Fitzroy nennen, und sie tut alles, was eine Mutter tun kann, um ihr Kind glücklich zu sehen. Nichts hilft, denn Carola findet Conygar furchteinflößend; sie ist überzeugt, dass das Haus verhext ist, und sie weigert sich, alleine nach oben zu gehen. Nach der Zeit in New York erscheint ihr das Leben auf dem Land fremd, und nicht nur ihr. Mickey erinnert sich und schreibt für den *New Yorker*:

Der Schrei

Eines Morgens erwachte ich von einem Schrei, der so laut war, dass ich dachte, er käme aus meinem Zimmer. Dann hörte ich es wieder und wusste, es war draußen, direkt unter meinem Fenster. Es klang wie eine Silbe oder ein kurzes Wort, fremdartig, aber ziemlich deutlich -«Ih-i-i-ih! Ih-i-i-ih!» und ich wusste, noch halb schlafend, dass es kein menschliches Wesen war, das dort schrie. Es war auch kein Papagei. Aber welch andere Kreatur konnte sprechen?

«Ih-i-i-ih!»

Jetzt setzte ich mich auf, hellwach und zitternd. Ich wusste, ich sollte sofort aufstehen und etwas tun. Aber ich hatte Angst. Ich bewegte mich nicht. Ich wollte nicht sehen, was sich hinter den zugezogenen Vorhängen abspielte. Mein Mann bewegte sich nicht, und ich fragte mich, ob irgendjemand im Haus es auch gehört hatte. Jetzt schienen die Schreie aus verschiedenen Richtungen zu kommen, als ob, was immer das Geräusch machte, hin und her lief, um zu entkommen.

«Ih-i-i-ih!»

Der Ton wurde schwächer und schwächer und kam von weiter her, den Hügel hinab, vielleicht von dort, wo ein Pfad zwischen den Blaubeerbüschen entlang führt. Schließlich entschloss ich mich aufzustehen. Ich ging zum Fenster, schob den Vorhang zur Seite und schaute hinaus. Dort war nichts, was schreien konnte. Die friedliche englische Landschaft war wirklich außergewöhnlich ruhig. Es war Morgendämmerung, das Gras gepudert mit einem leichten Frost, und die Luft klarer als sie es später sein würde. Der Lärm hatte aufgehört. Alles war wie gewohnt, nichts furchtbar. Ich sah den alten Rosenstrauch am Ende des Pfads, der in den Wald führt. Ich konnte weder Tier noch Vogel sehen. Es war noch zu früh für das fröhliche Krächzen der Saatkrähe, deren Nest in den Bäumen auf dem Hügel ist. Dennoch, ich hatte das Geräusch nicht geträumt. Ich hatte noch nie einen so wahren Traum gehabt. Es war schlimmer als eine menschliche Stimme, sagte ich mir immer wieder, denn es war fast menschlich.

Der Sonnenaufgang war genauso herrlich wie immer, und der Tag würde sicherlich wunderschön werden. Es könnte auch eine Schleiereule gewesen sein, überlegte ich – aber ich glaubte es nicht wirklich. Es gibt Eulen in unseren Wäldern, aber sie machen Geräusche, die man

erkennt – schmachtende, geisterhaft kleine Töne. Ich fühlte mich bes-
ser, aber meine Knie zitterten noch immer, und der Schweiß stand mir
zwischen den Schulterblättern, als ob ich einen Albtraum gehabt hätte.
Ich schaute noch einmal, aufmerksam zu dem Wald und dem Rosen-
busch und zu den Brombeersträuchern, deren Zweige gerade die ersten
Knospen zeigten. Es war windstill. Alles war still. Schließlich schloss ich
den Vorhang und ging wieder zu Bett.

Das Kindermädchen fragt am nächsten Morgen. «Was war das?»

«Oh, Nanny, haben Sie es gehört?» «Gehört?» «Natürlich! Es war
fast in meinem Zimmer. Ich bin sogar aufgestanden und habe nach dem
Kind geschaut!»

Charles, der ein Buch liest, meint: «*Das war ein Kaninchen, das*
von einem Hermelin gerissen wurde. Kaninchen schreien in einem sol-
chen Moment. Sie tun so, als ob sie gelähmt seien, aber sie schreien.
Es ist das einzige Mal, dass sie das tun.» Und er zitiert eine in Dorset
geläufige Redensart:

«Blutig in Zahn und Kralle, so ist die Natur.»

Am Abend kann Mickey nicht schlafen, sie ist deprimiert und ängstlich und versucht damit zurechtzukommen. Zu sich selbst sagt sie:

Ich bin an den plötzlichen Tod von Tieren gewöhnt. Ich liebe das
Landleben. Ich liebe unser Haus. Ich komme immer wieder gerne hier-
hin zurück. Hier ist alles so weit und ruhig und sauber und kühl. Und
im Gegensatz zu hier habe ich so viele schlimme Dinge gesehen: Verbre-
chen, Unfälle, Grausamkeiten. Ich habe Menschen hungern gesehen.
Ich habe Reihen von Toten nach einem Bombenangriff gesehen. Ich
habe ein afrikanisches Dorf während einer Epidemie und in Hungersnot

gesehen. All diese Gedanken sind nicht friedlich, aber sie lassen mich das Hermelin vergessen und selbst das Mondlicht, das durch die Vorhänge schimmert, hindert mich nicht am Einschlafen.[6]

Mit der Zeit fühlen sich Mickey und Carola wohl in Conygar, denn hier kann Carola draußen spielen, so viel und so oft sie will. Mit ihrem kleinen Fahrrad saust das Kind die Wege entlang, ohne auf Autos achten zu müssen; sie klettert auf Bäume, balgt sich mit ihrem Hund, und Francis, der Kater, ist stets in der Nähe. Aber auch auf das idyllischste Landleben fällt zuweilen ein Schatten. Mickey erinnert sich:

Auf dem Weg zu ihrem Kinderzimmer sieht Carola Licht in meinem Zimmer und bleibt in der offenen Tür stehen.

«Hallo Mummy.»

«Hallo Liebes, wie geht's dir?»

Zuerst kommt keine Antwort, aber dann bricht es aus ihr heraus.

«Mummy, da war ein kleines Kaninchen – so klein.»

Sie zeigt mit ihrem Daumen und Finger wie klein es war und beginnt zu weinen.

«Francis hat es gefunden. Ich konnte das Kaninchen holen und streicheln, aber es sprang mir aus der Hand und Francis hat es verfolgt. Und es war nur so klein und hatte ein weißes Schwänzchen. Es hüpfte weg zu einem Platz mit Farn und Moos und Holz, aber Francis verfolgte es.»

«Hast du versucht ihn weg zu scheuchen?»

«Ja, aber ich weiß, dass er es gekriegt hat: Ich habe auch gebetet. Vier Gebete, aber Gott hat nicht geholfen. Ich habe die ganze Zeit geweint, als ich gebetet habe, aber Francis ist nicht weggegangen. Er ist lange dort geblieben. Aber ich konnte nichts für das Kaninchen tun. Ich konnte nichts tun, Mummy!»

Die Mutter versucht zu trösten und auch selbst mit allen Gegebenheiten in Conygar, die ihr fremd und überwältigend erscheinen, zurechtzukommen. Über eines ist Mickey sich jedoch von Anfang an klar: Das Leben einer normalen britischen Hausfrau wird sie nicht führen; sie muss sich deshalb auf Angestellte verlassen.

Die Hammonds

Mr. und Mrs. Hammond, die Hausmeister, sind anwesend, als Charles und seine Familie anreisen. Sie wurden während der letzten 35 Jahre so oft entlassen und wieder eingestellt, dass sie inzwischen hier das Sagen haben. Das Ehepaar wohnt in einem Cottage auf dem Grundstück und hat alles fest im Griff, weiß über jedes und jeden Bescheid und liebt keine Neuerungen. Nichts scheint sich geändert zu haben in dem Jahrzehnt, in dem Charles abwesend war. Mickey beschreibt die Hammonds folgendermaßen:

Mrs. Hammond ist eine große Frau mit stahlgrauem Haar, das exakt in der Mitte gescheitelt ist, und sie wird zunehmend dicker, je mehr man von oben nach unten schaut. Ihr Ehemann ist kleiner und drahtiger, aber nicht weniger streng und starrköpfig. Und sie stellt schon bald fest: Es hätte mehr gebraucht als einen Weltkrieg und die Ablösung von Winston Churchills «Conservative Party» durch die «Labour Party», um den Lebensstil der Hammonds zu ändern. Die Hammonds sind zu alt für das «Brave New England» wahrscheinlich auch das ganze Dorset.

Die Einstellung der Hammonds zeigt sich schon gleich zu Beginn des Zusammenlebens. Da das Esszimmer noch nicht bewohnbar ist, schlägt Charles vor, in der Küche zu essen. Familie und Gäste sollen an dem großen Küchentisch sitzen, während es für das Personal einen kleinen Tisch vor dem Fenster gibt. Mrs. Hammond ist damit einverstanden, da sie glaubt, das Essen findet zu verschiedenen Zeiten statt. Charles dagegen, nach seinen Erfahrungen in New York, wo Willy mit am Tisch saß und es keinen Standesunterschied gab, möchte fortschrittlich sein und ordnet an, dass alle zur gleichen Zeit speisen. Das Experiment wird ein totaler Fehlschlag. Die Hammonds sitzen wie erstarrte Kaninchen in einem Raum voller Hermeline und sagen kein Wort, obwohl Major Boxer, wie sie ihn anreden, immer wieder versucht, sie in die Unterhaltung einzubeziehen. Es dauert nicht einmal eine Woche, bis sich die Hammonds dem gemeinsamen Mahl entziehen und zu ihren eigenen Zeiten speisen.

Dennoch wäre das Leben in Conygar ohne die Hammonds noch weitaus schwieriger, denn Mrs. Hammond ist zuständig für die Nahrungsbeschaffung und den täglichen Speiseplan. Da das Einkaufen in der Nachkriegszeit sehr eingeschränkt ist, erhält man beim Metzger das Fleisch, das gerade vorrätig ist, meist Knochenfleisch und Corned Beef. Eier gibt es, wenn welche da sind, eins, zwei oder drei pro Person in der Woche, aber normalerweise sind überhaupt keine zu haben; jede Person erhält eine vorgeschrieben Menge Butter oder Margarine, ebenso eine bestimmte Portion Zucker, Schokolade, Bonbons, Milch usw. zugeteilt. Zusätzlich zu diesen Rationen bekommt man pro Monat eine bestimmte Anzahl von Punkten, mit denen Thunfisch, Cornflakes oder Dosenfrüchte gekauft werden können. Das hängt aber immer von den nationalen Vorräten ab und ändert sich ständig, was nicht die Schuld der Regierung ist, wie Mickey behauptet, sondern damit zu tun hat, dass nach diesem, wie nach vielen Kriegen, überall Nahrungsmittelknappheit herrscht.

Hier kommt glücklicherweise Mrs. Hammonds Erfahrung ins Spiel. In der kleinen Stadt Dorchester kennt jeder jeden, es muss nicht lange angestanden werden, und die Händler wissen genau, was ihre Kunden wünschen. Mrs. Hammond ist sparsam und konservativ. Obwohl sie vorgibt, mit Mickey das Menu zu besprechen, gibt es immer das Gleiche: den Braten am Sonntag, den kalten Rest davon am Montag, Fisch am Dienstag, etwas mit Hackfleisch am Mittwoch, Cornedbeef am Donnerstag, Fisch am Freitag, am Samstag irgendetwas. Zu jedem Mahl wird Kohl aus dem Gemüsegarten gereicht und abends Makkaroni, die Charles hasst. Niemals würde Mrs. Hammond anderes Grünzeug oder Geflügel kaufen. Charles will den Nachmittagstee ausfallen lassen und dafür abends früher speisen, aber die gute alte englische Tradition muss beibehalten werden. Mickey kennt ihren Platz in diesem Haushalt; sie will nichts ändern, auch wenn sie insgeheim feststellt, dass sie selbst sich und der Familie ab und zu etwas Ausgefallenes gönnen würde.

Wenn Mickey ihr Leben in Conygar überdenkt, so gesteht sie:

Ich bin eine schlechte Hausfrau, aber ich werde mich nicht ändern. Gib mir ein Haus in China mit vielen Dienstboten und einem günstigen Umrechnungskurs, und ich kann ein zufriedenes Leben führen, oder gib mir ein Haus in New York mit Willy, einem guten, wenn auch ruinösen Helfer, und auch das ist in Ordnung. Aber gib mir ein Haus, für das nur ich allein zuständig bin, und ich werde nichts tun. Es ist nicht so, dass ich nicht putzen, Staub wischen, waschen, bügeln und kochen kann. Ich kann es, und kochen und bügeln tue ich sogar gerne, aber es gibt so viele andere Dinge, die ich gerade in diesem Moment lieber machen würde. Zuerst werde ich langsam verärgert und dann wütend, und wenn nicht alles in einem fürchterlichen Zustand ist, ziehe ich mich zurück und beschäftige mich mit Dingen, die mir Spaß machen: ich lese oder träume mit offenen Augen oder gehe mit dem

Hund spazieren. Ein Tag, an dem ich nur die Betten gemacht, Staub gewischt und Carolas Kleider gewaschen habe, erzeugt in mir eine heiße Wut, die nicht weniger wird, da ich sie an niemandem auslassen kann. Ich sage zu Charles:«Charles, die einzige Lösung ist, Leute einzustellen, die die Hausarbeit machen. Nehmen wir einmal an, ich bin ein Mann und immun gegenüber allen täglichen Verantwortlichkeiten. Ich bin gerne bereit, mich so zu verhalten wie du: Du schleichst dich manchmal in die Küche und hilfst beim Abwasch. Jeder denkt, das ist wirklich nett von dir, selbst ich. Nun, warum sollte ich das nicht genauso machen?»

Charles meint: «Selbst, wenn man jemanden findet, was ich bezweifle, dann kostet es viel.»Mickey antwortet darauf: «Dann geben wir eben nur noch Geld für Bücher aus. Du kannst unten sitzen und lesen, und ich sitze oben und lese, und wir sind beide glücklich. Du weißt: Ich mag keine Hausarbeit!»[7]

Obwohl sie es sich kaum leisten können, überzeugt Mickey Charles, dass sie mehr Personal brauchen. Sie stellt für Carola ein neues Kindermädchen ein und eine Mrs. Alford als Köchin, denn es stellt sich heraus, dass sie länger in England bleiben werden. Nachdem sie Woche für Woche auf eine Nachricht von der Armee betreffs Charles' Zukunft warten, erhält er eines Tages endlich ein Angebot. Er soll Aufseher eines Gefangenen-Camps werden. Charles, der vier Jahre im Camp in China überlebt hat, antwortet:

«Ich werde alle am ersten Tag, an dem ich die Aufsicht habe, freilassen. Ich denke, es ist eine Schande, dass sie immer noch hier sind.»

Daraufhin entscheidet die Armee, dass Charles' Hand operiert und therapiert werden soll, was dauern wird.

«Das Haus der Vereinten Nationen»

Das gesellschaftliche Leben der Boxers ist die größte Schwierigkeit für die Hammonds. Emily und Charles lieben Gäste, und besonders solche, die länger bleiben. Schon zwei Monate nach ihrer Ankunft haben sie die Hausgemeinschaft um einen Polen, eine Schottin, eine Chinesin und eine Eurasierin erweitert. Wenn man bedenkt, dass im Haushalt schon zwei Amerikaner (Mickey und Carola), ein britischer Major (Charles) eine Dänin (das neue Kindermädchen) und zwei ultrabritische Bürger (die Hammonds) leben, so ist es kein Wunder, dass die Nachbarn Conygar als das «Haus der Vereinten Nationen» bezeichnen.

Der Pole Jan entwischte den Deutschen in Polen, trat danach in die britische Armee ein und kämpfte in Holland, wo er verwundet wurde. Augenblicklich macht er, staatlich gefördert, eine landwirtschaftliche Ausbildung als Helfer von Mr. Hammond. Die Schottin ist Nellie, Jans Ehefrau. Sie kommt aus Glasgow und ist sehr jung und scheu. Eigentlich soll sie Mrs. Hammond beim Kochen helfen und ein bisschen sauber machen, aber Mrs. Hammond will das Feld am Herd nicht räumen, und so putzt Nellie nur.

Die Chinesin Jenny ist eine Frau, die Mickey und Charles schon zwölf Jahre lang kennen. Jenny war in Shanghai Lehrerin an einer Sekretärinnen-Schule und hat schriftliche Arbeiten für die Boxers erledigt. Nach Pearl Harbour konnte sie Hongkong nicht mehr verlassen und wurde, da sie mit einem Engländer verheiratet war, in Stanley interniert. Mit ihrem Baby wurde sie dann nach England repatriiert, in ein Land, das sie nie zuvor gesehen hatte und auch nicht als ihre Heimat ansah. Um die Schrecken der vierjährigen Internierung zu überwinden, beschließt sie, erst einmal in England zu bleiben, und ist froh, in Conygar unterzukommen und wieder für Charles und

Mickey zu arbeiten. Der Eurasier ist Teddy, der zehn Monate alte Sohn von Jenny. Ebenso willkommen sind Barbara Ker-Seymer mit ihrem Sohn Max oder der Sohn eines Polizeibeamten aus Hongkong.

Zu dieser Zeit entdeckt Charles in der Times eine Annonce:

Der Kapitän der H. M. S. Renown, einem Übungsschiff der Marine, das in Plymouth vor Anker liegt, bittet die Bevölkerung um ein Zeichen des Guten Willens. 700 chinesische Matrosen, die sich für ein Jahr auf dem Schiff zur Ausbildung befinden, erhalten während der Osterferien zehn Tage Urlaub. Nur wenige der Chinesen haben Freunde in England. Es wäre schön, wenn großherzige Bürger diese jungen Männer für zehn Tage einladen würden.

Mickey sagt sofort: «*Charles, wir melden uns.*» Und er antwortet: «*Ich habe schon geschrieben und zwei eingeladen.*»

Und wie erwartet, kommen zwei chinesische Matrosen, Mr. Lu und Mr. Ching, zu Besuch und wecken Erinnerungen an die aufregende Zeit in China. Für Mickey ist jede Abwechslung von der Monotonie, der Isolation, der Spießigkeit und der Atmosphäre einer Art Grimmscher Märchenwelt, wie die Hammonds sie verbreiten, nur recht. Die Hammonds, an ein ruhiges beschauliches Leben gewöhnt, hassen diesen Trubel. Es kommt schließlich zu einer heftigen Auseinandersetzung, als Mickey erfährt, dass Mrs. Hammond eines Tages wie die Aufseherin eines Gefangenen-Camps Jan und Nellie die Essensration weggenommen hat. Die beiden wissen nicht, wie sie ihren Hunger stillen können, und Mickey wird so wütend, dass die Atmosphäre im Haus mehrere Wochen lang höchst ungemütlich bleibt.

Schule und Alltag

Mittlerweile ist Carola alt genug, um die Schule zu besuchen. Mickey will sie in der örtlichen Grundschule anmelden, aber die Hammonds sind entsetzt, dass das Mädchen zusammen mit Arbeiterkindern unterrichtet werden soll. Charles erkundigt sich bei den Nachbarn, die sagen, dass die dörfliche Schule gut, der Lehrer jedoch unterbezahlt und überarbeitet ist, sowie Bücher und andere Unterrichtsmaterialien Mangelware sind. Schließlich willigt Mickey ein, Carola nach Dorchester in die *Broadmayne School* zu schicken. Als sie jedoch erfährt, dass dort 40 Schüler in einem Raum zusammengepfercht werden, kommt das für Carola überhaupt nicht in Frage. Mickey ist genau wie ihre Mutter Hannah der Überzeugung, dass Kinder nur die beste Schulbildung bekommen dürfen. Schließlich melden die Boxers ihre Tochter Carola in der privaten *Four Winds Primary School* an.

Diese Schule befindet sich praktischerweise in der Nachbarschaft von Conygar, und es bestehen deshalb keine Transportprobleme. Die Leitung haben Dr. Cooper, der County-Pathologe, und seine Ehefrau Ruth. Das Ehepaar Cooper hat selbst drei Kinder, Zoe, Janice und Rupert, die zu Hause von einer jungen Lehrerin unterrichtet wurden, bis sie im Alter von neun Jahren ins Internat gingen. Danach war es im Haus zu ruhig geworden, Mrs. Cooper vermisste die Kinderstimmen, auch wollte sie die gute Lehrerin nicht entlassen, und entschloss sich deshalb, eine kleine Privatschule zu gründen. Als Carola dort eingeschult wird, gibt es sieben Schüler im Alter von fünf bis neun Jahren, manche kommen nur tagsüber, andere bleiben über Nacht. Carola ist mit fünf Jahren das Baby und lernt morgens lesen, schreiben und rechnen. Alle Kinder erhalten um 11 Uhr Milch, von der Regierung bezahlt, eine kleine Extraration, die in diesen Zeiten sehr willkommen ist.

Gleich an ihrem ersten Schultag hat Carola eine Auseinandersetzung mit einem anderen Mädchen namens Rose, dabei geht es um Schiffe. Rose, deren Vater und Onkel als Marineoffiziere im Krieg geblieben sind, behauptet die *Howe*, das Prunkschiff der englischen Marine, sei das größte Schiff der Welt. Carola will das nicht gelten lassen, verweist auf ihre Atlantiküberquerung, und ist überzeugt, dass nichts mächtiger sein kann als die *Queen Mary*. Was als eine Klassendiskussion beginnt, entwickelt sich schnell zu einem kleinen Krieg zwischen den beiden Mädchen, deren Stimmen immer lauter klingen. Die Lehrerin trennt sie schließlich, sorgt aber dafür, dass sie zum Ende des Vormittags zusammen an einem Bild malen und Freundinnen werden.

Als Carola zum Mittag nach Hause kommt, fragt Mickey:

«Na, wie war die Schule?» *«Sind die Kinder nett?»*

«Okay!» *« Und wer ist am nettesten?»*

Carola – nach einigem Nachdenken:

«Ich, glaube ich!»[8]

Charles scheint von dem allen nur wenig mitzubekommen. Er hat sich an eine tägliche Routine gewöhnt: dreimal am Tag führt er die Hunde aus, Tee-Zeit, Nachmittagsschlaf und lange Stunden an seinem Schreibtisch, wo er wissenschaftliche Artikel über die holländische und portugiesische Kolonialgeschichte des 17. Jahrhunderts schreibt. Mickey, die ihren Gatten hier in seiner Heimat beobachtet, stellt fest, dass er sich zu einem *Edwardian Country Gentleman* entwickelt hat. Dieser Typ Mensch zeigt niemals körperliche Zuneigung in der Öffentlichkeit und unterhält sich nur beim Mittagessen mit seiner Ehefrau. Während des Frühstücks und der *Teatime* lesen die Boxers und ihre Hausgäste die Zeitung oder ein Buch.

So wird der Winter 1946 für Mickey eine schwere Zeit, denn sie muss nicht nur mit dem langweiligen Leben in Conygar zurechtkommen, sondern auch frieren und hungern, da die Regierung Essen und Heizöl rationiert hat. Während sie an ihrem Schreibtisch sitzt und zittert, schmerzen ihre Frostbeulen, und sie wird immer wütender, wütend darüber, dass sie in einem Haus sitzt, das um sie herum zusammenfällt, wütend über einen Ehemann, der behauptet keine handwerklichen Fähigkeiten zu besitzen und nicht einmal ein Werkzeug anfasst, wütend, dass man für Reparaturarbeiten eine Genehmigung braucht, was lange dauert. Deshalb geht Mickey wieder einmal ihren eigenen Weg: Sie bestellt einen Handwerker aus dem Dorf, der abends und am Wochenende kommt und so oft gebraucht wird, dass er schon bald zur Familie gehört. Folgende Episode ist beispielhaft:

Eines Tages sitzt man mit Freunden beim Tee, da macht es »knacks«, und das Sofa bricht zusammen. Alle schreien erschrocken auf und versuchen, wieder auf die Beine zu kommen. Niemand hat sich verletzt und jeder ist amüsiert. Mickey aber nur in diesem Moment, denn das «zerfallene Sofa» liegt monatelang in der Mitte des Salons, ein Zeichen von Conygars Altersschwäche und Charles' Unfähigkeit, sich auch nur um die dringendsten Haushaltsnöte zu kümmern.[9]

Die Stimmung in Conygar ändert sich schlagartig, als Charles im Sommer 1947 ein Angebot vom *King's College* an der Universität von London bekommt. Man lädt ihn ein, obwohl er nicht die notwendigen akademischen Prüfungen abgelegt hat, Professor für Portugiesische Geschichte und Literatur zu werden, da er der einzige englischsprachige Experte auf diesem Gebiet ist. Die Stelle erscheint ihm wie ein wahrgewordener Traum und wird für Mickey die Erlösung aus der Einöde Dorsets. Als die Armee Charles' Entlassungspapiere schickt, suchen sie sich eine Wohnung in London und fortan verbringt Mickey alle zwei Wochen jeweils vier Tage dort. Nun kann sie sich mit Freunden aus Hongkong treffen und den Lesesaal des britischen Museums besuchen, der genau wie 20 Jahre zuvor wieder ihr Mekka wird.

Charles möchte nicht, dass Carola alleine aufwächst, und im Oktober 1948 wird Amanda, ihre kleine Schwester, geboren. Damit Charles und Mickey ihre Studien machen und publizieren können, gibt es im Haushalt der Boxers immer ausgebildete Kinderfrauen und andere Angestellte, die sich um die täglichen Arbeiten kümmern. Charles ist mit seinem Leben in Dorset zufrieden, aber Mickey fällt es schwer, dort zu arbeiten. Beide beschließen deshalb, dass Mickey sich einen zweiten Wohnsitz in New York besorgt, und die Kinder bei Charles in England bleiben. Ab 1950 führen die Boxers eine «Offene Ehe», d. h. sexuell dem Partner verbunden, aber mit vollkommener Bewegungsfreiheit, ein Arrangement, das für diese beiden außergewöhnlichen Menschen passt und bis zu ihrem Lebensende hält.

Das Leben danach

«Freundschaft fließt aus vielen Quellen,
am reinsten aus dem Respekt.»

Daniel Defoe

Eddychan

Im Jahre 1953 reist Mickey zum ersten Mal wieder nach Asien. In Taiwan erstaunt es sie, dass die Taiwanesen sehr gegen Chiang Kai-shek und seine Anhänger eingenommen sind, die erst kürzlich über die Straße von Formosa auf ihrer Insel Zuflucht gesucht haben. Sie bemerkt, dass die Inselbewohner wie Kletten an ihren alten japanischen Traditionen festhalten, sich in Kimonos kleiden und in Sandalen herumlaufen. Täglich wird sie sich mehr der Nähe zu Japan bewusst und beschließt spontan, nach Tokio zu fliegen und ihre Erinnerungen an den kurzen herrlichen Aufenthalt mit ihrer Schwester Helen im Jahre 1935 wiederzubeleben.

Wie damals nimmt sie sich ein Zimmer im Imperial Hotel, hat aber bald das Gefühl, die Reise sei ein Fehler, denn innerhalb der vergangenen zwei Jahrzehnte hat sich Tokio enorm ausgebreitet. Mickey erkennt nichts mehr wieder, und in der Hotelhalle muss sie sich durch Touristenmengen drängen. Nachdem sie ein Bad genommen hat, fühlt sie sich besser und beschließt, Bekannte aus ihrer Hongkong-Zeit anzurufen. Ein Engländer lädt sie sofort zum Lunch ein, lässt sie aber wissen, dass noch einige Geschäftsleute dabei sein werden, denen er nicht absagen kann. Für die weltoffene Mickey ist das überhaupt kein Problem. Kaum sitzt sie zu Tisch, fragt der Herr zu ihrer Rechten, ob sie schon Eddychan getroffen habe. Mickey lässt vor Überraschung fast den Löffel fallen und fragt «Er lebt noch?» Ihr Nachbar antwortet, dass er selbst Mickey vor vielen Jahren zusammen mit ihrer Schwester Helen und Eddychan getroffen habe und dass Eddychan noch immer in Jigima lebe und in Tokio arbeite. Dann entschuldigt er sich, geht zum Telefon und ruft Eddychan an.

Mickey trifft ihren Freund, und im ersten Moment sieht sie sich einem alten Mann mit tiefen Falten um den Mund gegenüber, doch dann erkennt sie in ihm wieder Eddychan, der sie fröhlich umarmt. Er fordert sie auf, sofort eine Tasche zu packen und mit ihm nach Hause zu fahren, nach Jigima, wo Kazuko schon wartet. Und Mickey findet Kazuko und das Haus wie damals vor. Sie geht von Zimmer zu Zimmer und ruft «*Genau wie früher! Genau wie früher!*» Das lassen die beiden nicht gelten, denn inzwischen ist alles gealtert und es ist schwer, Handwerker zu bekommen. Sie erzählen von einem jungen Mann aus dem Dorf, der zwar etwas behindert ist, aber versucht zu helfen. Nach dem Essen wird man weiter erzählen. Eddychan berichtet:

«Oh ja, ich sah es kommen. Es war in den Karten. Was man nicht vorhersehen konnte und niemand sah es, man ahnte nicht, wie die dem Militär zugeneigte Gruppe sich benehmen würde, nachdem sie bekam, was sie haben wollte, und wir uns im Krieg befanden. Eine Weile nach Pearl Harbor war alles ruhig, erstaunlich ruhig, und wir lebten weiter wie vorher, aber wir gingen nicht in die Stadt. Dann passierten nach und nach Dinge – junge Leute verschwanden, entweder in die Armee oder ins Gefängnis – die Banken schlossen – ich erinnere mich nicht mehr an alles. Ich hatte mir immer vorgenommen, Geld zur Sicherheit nach Amerika zu transferieren, bevor der Zusammenbruch käme, aber ich tat es nicht. Am Anfang fürchtete ich immer interniert zu werden, und als das nicht geschah, dachten wir, sie hätten entschieden, mich zu übersehen. Schließlich habe ich ein Leben lang hier gelebt und kenne so viele Leute. Zuweilen habe ich sogar überlegt, die japanische Staatsangehörigkeit anzunehmen, ließ es aber, da ich zu viele Verpflichtungen in den USA habe. Manchmal überlegte ich, ob es einen Unterschied gemacht hätte, aber ich glaube nicht. Kazuko war voller Pläne. Sie würde einen Job finden und uns über Wasser halten.

Dann kamen sie eines Tages und nahmen mich mit. Für eine Weile kam ich in ein Camp in Tokio und dann an einen anderen Ort hoch oben in den Bergen. Ich weiß den Namen des Distrikts nicht. Es war ziemlich rau.

Kazuko wurde fast verrückt vor Sorgen. Sie brauchte zwei Wochen, bis sie wusste, wo ich war. Ich will nicht in Details gehen. Wir mussten dort eine neue Straße bauen, und es war mörderisch. Dann wurde ich krank, aber man nahm keine Rücksicht. Kazuko, mein Mädchen hier, ließ alles stehen und liegen und kam in die Berge, um nahe zu sein. Sie suchte sich eine Arbeit und wanderte jeden Abend mehrere Meilen zum Camp, um mir extra Essen und andere Annehmlichkeiten zu bringen. Manchmal halfen die Wächter und schickten die Sachen weiter, manchmal schlugen sie Kazuko auch und scheuchten sie weg. Als der Krieg vorbei war, wurde ich entlassen. Ich wog noch 84 Pfund, und wir lachten, als ich die Kleider anprobierte, die sie aufgehoben hatte.»[1]

Dies sollte Mickeys letztes Treffen mit den japanischen Freunden sein. Jahre später erhält sie die Nachricht, dass beide tot seien. Sie wurden in einem Anfall von Wahn von dem Behinderten erstochen, der ihnen bei der Renovierung ihres Hauses geholfen hatte.

Sir Ellice Victor Sassoon

Sir Victor verbringt die meiste Zeit während des Krieges im *Taj Mahal* in Bombay. Mit seinen staubigen Marmorsäulen und der Armee von Bediensteten hat das Hotel einen unnachahmlichen viktorianischen Charme, was aber nur ein schwacher Ersatz für die Annehmlichkeiten des Cathay Hotels in Shanghai ist. Sir Victor sieht die Zukunft seines Unternehmens nicht mehr in Indien, und er verkauft deshalb im Jahre 1943 seine Fabriken an Marwari-Händler[2] aus Rajasthan. Noch hegt er Hoffnung auf eine Zukunft in Shanghai, aber die Nachrichten, die von seinem Cousin Lucien Ovadia, der die Geschäfte führt, kommen, sind keineswegs ermutigend. Als

Sir Victor am 16. Dezember 1945 auf dem Flughafen ankommt, ist es nach sechs Jahren das erste Mal, dass er die Stadt wiedersieht. Zwar freut er sich noch, einige Bekannte von früher zu treffen, doch bald glaubt er, dass Shanghai vor die Hunde gehen werde. Als er einen Freund in den frühen Morgenstunden an die Werft von Hongkew bringt, reißt ihm ein Dieb seine Platinuhr vom rechten Handgelenk. Er murmelt: «*Nach mir die Sintflut!*», und als er erfährt, dass die Angestellten in seinem Hotel in Nahrungsmitteln bezahlt werden, beginnt er, sich von seinen Besitztümern zu trennen.

Sir Victor verlässt am 27. November 1948 um 8 Uhr morgens Shanghai zum letzten Mal. Während er früher immer eine Luxuskabine auf einem Ozean-Dampfer gebucht und sichergestellt hat, dass genügend seiner Lieblingsgetränke an Bord waren, tut es diesmal ein einfacher Platz auf dem Flug nach Hongkong. In seinem Gepäck befindet sich sein wertvollster Besitz: Es sind seine Tagebücher, die niemals in die Hand von Chinesen fallen sollen. In einem ledergebundenen Journal liegen die Erinnerungen seines Lebens in Shanghai, seit 1927 gesammelte Notizen, Zeitungsausschnitte, Fotografien. Einiges von Mickey Hahn ist auch dabei.

Während des vierstündigen Fluges unterhält sich Sir Victor mit seinem Sitznachbar Waldo Drake, einem Reporter der *Los Angelos Times*. Seine Erfahrungen mit China resümiert er folgendermaßen:

Vergessen Sie nicht, die Chinesen mögen keine Fremden. Sie machen Geschäfte mit uns, aber nur so viel, wie es ihren eigenen Bedürfnissen entspricht. Die unbeliebteste Person in China ist heute der Amerikaner. Das kommt daher, dass der Chinese wie eine Frau ist. Je mehr man ihr gibt, desto mehr erwartet sie. Und wenn etwas, das sie gegen Ihren Rat tut, schief läuft, sagt sie: Warum hast du mich nicht davon abgehalten? Ich brauche Ihnen nicht zu sagen, dass ich Junggeselle bin.

Da er über viele Jahre hinweg Nutznießer der alten chinesischen Verhältnisse war, sieht er nun keine Zukunft mehr für seine Geschäfte und beurteilt deshalb die neue poltische Situation wenig hoffnungsvoll:

Mein letzter Aufenthalt in Shanghai hat meine Überzeugung bestätigt, dass Chiang Kai-shek und die Kuomintang-Regierung durch endlose Beweise ihrer Unfähigkeit die Chance vertan haben, die Unterstützung des chinesischen Volkes zu erhalten. Nun sind die Chinesen bereit, das kleinere der beiden Übel, den Kommunismus, willkommen zu heißen.[3]

Und schon fünf Tage später, in der Nacht vom 2. Dezember 1948 beobachtet George Vine, ein Mitarbeiter von *North-China Daily News* folgende bizarre Szene vom Fenster seines Büros aus.

Mein Blick fällt auf die Bank von China, genau neben dem Cathay Hotel. Obwohl es schon spät abends ist, sind die Türen der Bank zum Bund hin weit geöffnet. An den Straßenecken erscheinen Truppen der Nationalisten, die einen großen Bezirk rund um die Bank, in der der größte Goldschatz Chinas ruht, absperren. Plötzlich erscheint eine Reihe Dockarbeiter, alle in indigoblaue Kittel und kurze Hosen gekleidet, aus dem Gebäude. Jeder trägt einen Bambusstab, an dessen Enden die Pakete mit Goldbarren hängen. Ich höre das sanfte Platschen ihrer Füße und beobachte erstaunt, wie die Schätze des Reichs der Mitte in traditioneller Weise, nämlich auf den Schultern von Kulis, zu einem Schiff getragen werden. Den Kulis folgen die Geschäftsführer der Bank, die im Gegenzug für ihr Stillschweigen und ihre Kooperation eine sichere Überfahrt nach Taiwan erhalten.[4]

Am 14. Mai 1949 erreichen die ersten kommunistischen Truppen Shanghai, und im Jahre 1950 verlegt Sir Victor den Hauptsitz seiner

Firma nach Nassau, Bahamas, einem Steuerparadies. Von nun an steckt er all seine Energie in die Aufzucht von Vollblutpferden und genießt deren Siege in Ascot (Berkshire/England) und Epsom (Surrey/England). Gegen Ende seines Lebens heiratet der ewige Junggeselle und Lebemann eine Frau, der er vertrauen kann – seine Pflegerin. Es ist Evelyn Barnes aus Dallas, Texas, dreißig Jahre jünger als er, die seine Liebe zu Pferden und zur Fotografie teilt. Sie leben in einer Villa am Strand von Nassau. Wann immer Sir Victor mit Evelyn nach New York kommt, um Broadwayshows und Galerien zu besuchen, trifft er sich mit Mickey, sofern sie in der Stadt weilt. Im Laufe der Jahre verschlechtert sich Sir Victors Gesundheitszustand, er hat des Öfteren Atembeschwerden und muss schließlich unter einem Sauerstoffzelt schlafen. 1961 endet das abenteuerliche Leben von Mickeys langjährigen Freund, mit dem sie eine unvergessliche Zeit in Shanghai verbracht hat.

Lady Sassoon, die Witwe, bittet darum, keine Blumen zur Beerdigung zu schicken, sondern das Geld stattdessen für einen wohltätigen Zweck zu spenden. In Erinnerung an ihren Mann gründet sie die *Sir Victor Sassoon Heart Foundation*,[5] die sich um herzkranke Kinder kümmert. Die Regierung der Bahamas dankt Sir Ellis Victor Sassoon, diesem großzügigen Mann, mit der Herausgabe einer Sondermarke.

Sinmay und Peiyu

Sinmay, Mickeys einstweiliger chinesischer Ehemann, versucht in Zeiten politischer Wirren in Shanghai zu überleben. Da sich die Druckmaschine noch in seinem Besitz befindet, plant er eine chinesische Ausgabe des *Life* Magazins und bittet Mickey, den Kontakt zu Henry Luce, dem Herausgeber des Magazins, herzustellen. Gleichzeitig möchte er eine Filmkamera, eine goldene Rolex und einen Parker-Füller haben; Dinge, die Mickey ihm natürlich nicht nach China schicken kann. Im Jahre 1948 fliegt Sinmay nach Los Angeles und versucht dort Produzenten für chinesische Filme zu finden. Unverrichteter Dinge muss er zurückkehren, plant aber einen Zwischenaufenthalt in New York ein. Dort treffen sich Sinmay und Mickey zu einem Essen im Algonquin Hotel und plaudern über alte Zeiten. Die gegenseitige Faszination ist jedoch verschwunden und die ehemalige Liebesbeziehung nur noch eine schöne Erinnerung.

Im Mai 1949, nachdem die Kommunisten an der Macht sind, wird Sinmay befohlen, die Publikation seines am längsten bestehenden satirischen Magazins *Analects* zu beenden. Nun requiriert die Partei die Druckerpresse und Sinmay überwacht den Transport nach Peking, wo fortan mit der Presse vierfarbige Propaganda gedruckt wird. Peiyu und fünf ihrer Kinder ziehen mit ihm in die Hauptstadt, denn dort hofft Sinmay, Arbeit beim neuen Regime zu finden. In Vorbereitung darauf studiert er Marxismus. Ein Foto aus dieser Zeit zeigt ihn allein auf einem Sofa mit einer Zigarette in der Hand. Statt seiner bodenlangen braunen Robe trägt er nun einen schlecht geschnittenen Mao-Anzug. Verschwunden ist seine Sorglosigkeit, ein schwaches Lächeln liegt auf seinen Lippen, aber das Gesicht ist fahl, seine Augen müde. Er ist nicht mehr der Herr, dem ganz Shanghai zu Füßen lag, sondern im neuen China nur noch ein unbedeutender Städter, einer von Millionen.

Als sich seine Vorhaben in Peking nicht verwirklichen lassen, kehrt Sinmay zurück nach Shanghai. Mit einem Freund, einem Chemie-Professor der Fudan-Universität, mietet er ein Haus und investiert in Gerätschaften zur Herstellung von Phenol, einer Chemikalie, die vielerorts in der Pharmazie und Industrie genutzt werden kann. Die Versuche gelingen, aber in einem Heimlabor kann nicht genug produziert werden, um es geschäftlich zu nutzen, und so muss die Ausrüstung verkauft werden.

Nun wendet sich Sinmay wieder der Literatur zu und übersetzt Werke von Percy Shelley, Mark Twain und seinem alten Idol Rabindranath Tagore. Obwohl sich seine Ausgabe von *Tom Sawyer* gut verkauft, reicht das Geld nicht, um eine Familie zu ernähren. Sinmay beginnt seine geliebte Briefmarkensammlung aufzulösen. Dann trifft der Tod der ältesten Tochter Xiao Yu die Familie schwer. Die junge Frau stirbt im Alter von 25 Jahren an einem Lungenleiden. Erst nach der Beerdigung erfährt Sinmay, dass Yu, um Kosten zu sparen, nicht die Medikamente nahm, die ihr vielleicht hätten helfen können. Sinmay bestraft sich selbst, indem er das Rauchen aufgibt, denn Xiao Yu hatte sich oft beschwert, dass sie in seiner Gegenwart Probleme beim Atmen verspürte.

Peiyu behauptet sich im Kommunismus besser als ihr Ehemann und übernimmt bald die Führung der Familie. Als die Regierung die «Vier Ungeziefer Kampagne» verfügt, wird sie Hygiene-Aufseherin in ihrer Straße und ist für die Ausrottung von Fliegen, Moskitos, Ratten und Kellerasseln verantwortlich. Peiyu überwacht das Besprühen der Erdgeschosse und entwickelt ein Spiel für Kinder, die mit kleinen roten Fahnen belohnt werden, wenn sie 100 Fliegen getötet haben. Als ihr Wohnblock zum kommunalen Eigentum wird, verwandelt Peiyu das Erdgeschoss in eine Nachbarschaftskantine und zieht mit Sinmay und den beiden noch im Haushalt verbliebenen Kindern in die oberen Räume.

Im Jahre 1958 beschließt Mao die Unterdrückung der Konter-revolution und Shao Sinmay fällt der Kampagne zum Opfer. Eines Tages kommt Peiyu von einer Reise aus Nanking zurück und findet heraus, dass ihr Ehemann ins *Telanqiao Detention Center* gebracht worden ist. Familienmitgliedern werden Besuche und das Bringen von Nahrung verboten. Sinmay teilt die Zelle mit Jia Zhifang, einem Literatur-Professor der Fudan Universität. Der Professor hatte Sinmay schon einmal zu Beginn der 50er Jahre bei einem Treffen von Schriftstellern im Restaurant *Sun Ya* getroffen. Damals hatte Sinmay einen wilden Haarschopf, trug eine bronzefarbene chinesische Hochzeitsjacke, die nicht zugeknöpft war, und erschien höchst unkonventionell. Nun erkennt Jia den Mann nicht wieder, der nach zwei Jahren im Gefängnis wie ein Gespenst zusammengerollt in einer Ecke der Zelle liegt. Die Hungersnot, die sich nach Maos *Großem Sprung nach vorn* im Land ausbreitet, wirkt sich auch im Gefängnis aus. Sinmay erhält täglich nur 600 ml Gemüsebrühe und Brei. Seine einzige Bewegung ist das Schrubben des Zellenbodens auf Händen und Füßen. Sinmay weiß, dass er bald sterben wird, und er bricht das Schweigeverbot, indem er Jia zuflüstert, dass er zwei Dinge der Welt anvertrauen möchte:

Das erste betrifft George Bernhard Shaw und seinen Besuch im Jahre 1933. Da Shaw Vegetarier war, luden wir ihn zum Essen im Godly Restaurant auf meine Rechnung ein. Ich zahlte 36 Dollar. Madame Sun, Lin Yu-tang und Lu Xun waren auch anwesend. Aber in den Zeitungen wurde mein Name nicht erwähnt. Das hat mich geärgert. Das zweite betrifft meine Artikel. Lu Xun hat behauptet, ich hätte andere engagiert, unter meinem Namen zu schreiben. Obwohl ich Lu Xun respektierte, fand ich es sehr bedauerlich, dass er solch falschen Berichten glaubte. So schlecht geschrieben, wie er wohl meine Artikel fand, es war alles meine eigene Arbeit.[6]

Sinmay wird nach dreijährigem Gefängnisaufenthalt entlassen. Peiyu erinnert sich, dass er wie ein Skelett aussah und so schwach war, dass der Rikschafahrer ihn auf dem Rücken ins Schlafzimmer im 2. Stockwerk tragen musste. Nach einem Magenbluten stirbt Shao Sinmay, alias Pan Hen-ven, am 6. Mai 1968 im Alter von 62 Jahren in einem Zimmer, das einst die Garage des Hauses in der Avenue Joffre war, welches Mickey Hahn 1937 für ihn gefunden hatte.

Peiyu wurde 84 Jahre alt, und sie lebte lange genug (1989), um Sinmays Rehabilitation noch mitzuerleben. Im Jahre 1985 vernichtete die Polizei von Shanghai die ursprüngliche Anklageschrift gegen Shao Sinmay, und seit dieser Zeit ist seine Anerkennung wieder gestiegen. In literarischen Kreisen sieht man seine Werke als eine Verbindung von modernem europäischen Vers mit traditioneller chinesischer Poetik. Seine Arbeiten sind in neun Bänden zusammengefasst, und die älteste noch lebende Tochter Xiao Hong schreibt eine Biografie mit dem Arbeitstitel *A Natural-Born Poet*, der Inschrift auf seinem Grabstein. [7]

Charles und Mickey

Nachdem Charles und Mickey sich zu einer «Offenen Ehe» entschlossen haben, können beide ihre beruflichen Interessen verfolgen.

Charles bleibt mit den Töchtern in England. Die Mädchen besuchen, wie es im Lande üblich ist, ein Internat, und die Ferien verbringt Mickey so oft wie möglich mit der Familie. Im Jahre 1953 verkauft Charles Conygar und erwirbt *Ringshall End*, ein etwas pflegeleichteres Anwesen in *Hertfordshire*. Fortan kann er sich intensiver seinen Studien und der Lehrtätigkeit widmen. Charles hat schon als Leutnant begonnen, Bücher zu sammeln, und bis zum Ende seines Lebens (27.4.2000) eine der größten privaten Bibliotheken des 20. Jahrhunderts geschaffen. Im Laufe der Jahre wird Charles Ralph

Boxer zum bedeutendsten Historiker seiner Generation auf dem Gebiet der portugiesischen und holländischen Kolonialgeschichte im 17. Jahrhundert; er schreibt aber auch über die Geschichte von Japan, China, Indonesien und Brasilien. Bis zu seinem Tode hat er 335 akademische Publikationen veröffentlicht, darunter mehr als 30 Bücher. Seine Arbeiten werden mit der Vergabe von Ehrendoktortiteln mehrerer internationaler Universitäten gewürdigt.

Mickey wird immer wieder Zeit in New York verbringen und mietet sich dort ein Apartment. Harold Ross, ihr Freund und Herausgeber von *The New Yorker*, bietet ihr ein eigenes Büro im Hauptsitz des Verlags an, das sie vierzig Jahre lang unter vier verschiedenen Redakteuren für sich alleine nutzen darf. Zwischen 1950 und 1960 reist sie nach Brasilien, Malaysia, Hongkong, Taiwan, Japan, auf die Azoren, in die Türkei, nach Indien, Pakistan, Nigeria, Südafrika, Tanganjika und Kenia. Von all diesen Reisen berichtet sie der Familie und Freunden und schreibt für den *New Yorker*. Immer wieder sammelt sie Material für Biografien berühmter Frauen und Männer, über ferne Länder und ihre Lieblingstiere, die Affen. Ihr Lebenswerk umfasst 52 Bücher und 180 Artikel. Auch Mickey erhält mehrere Auszeichnungen, unter anderem im Mai 1977 die Ehrendoktorwürde der Universität von Missouri in St. Louis, ihrer Geburtsstadt.

Mickeys letzter Beitrag zum *New Yorker* erscheint am 2. Dezember 1996. Es ist ein Gedicht, das sie 1917 als Zwölfjährige geschrieben hat. Der Wind kann als Metapher für ihre eigene Energie und Vitalität gesehen werden, die nach einem Sturz schwinden.[8]

Wind weht
Nichts, nichts nirgendwo, Nacht und Tag und Nacht.
Armer Wind weht, sucht einen Streit,
Nichts zum Blasen, nichts zum Beißen weit und breit!

Das ungleiche Paar, Mickey und Charles, hält ein Leben lang zusammen. Sie verbringen viel Zeit miteinander und unterrichten zuweilen Sommerkurse an den gleichen Universitäten. Eine letzte große Reise führt sie im Mai 1991 nach Japan. In ihrer Begleitung und zur Unterstützung der betagten Reisenden, ist Jimmy Cummins[9], der langjährige Freund seit den Tagen in Conygar.

Im Alter von 92 Jahren stirbt Emily Hahn am 18. Februar 1997 in New York im Beisein ihrer Töchter Carola und Amanda. Charles ist zu gebrechlich zum Reisen.

Taras Grescoe hat im Verlauf seiner Recherche zu dem Buch *Shanghai Grand* ein Interview mit Carola Vecchio, Mickeys älterer Tochter, geführt. Sie hat ihm dabei verraten, dass Mickey bis zu ihrem Tode ein Foto von Charles Boxer und ein Foto von Shao Sin-may in ihrer Brieftasche bei sich trug.

Anmerkungen

1. Leben in St. Louis
1. Grescoe, T., «Shanghai Grand», S.64
2. Emilys Mutter gibt ihr schon ziemlich früh den Spitznamen Mickey, da sie ihrer Ansicht nach dem «Comic Strip Charakter Mickey Dooley» ähnlich sieht. Familie und nahe Freunde nennen sie ihr Leben lang Mickey.
3. Foto der Familie Hahn aus dem Jahr 1915

2. Chicago und Studienzeit
1. Hahn, E., «No Hurry To Get Home», S. 10
2. Hahn, E., a. a. O., S. 14
3. Foto aus dem Internet
4. Cuthbertson, K., «Nobody Said Not to Go», S. 32
5. Letters to Family, S. 7

3. Zeit der Selbstfindung
1. Cuthbertson, K., «Nobody Said Not to Go», S. 46
2. Emily Hahns Gedicht frei (sinngemäß) übersetzt:

Um 12 Uhr beim Klingeln ging ich zum Essen
Sandalen an den Füßen, die braune Tasche nicht vergessen
Mit dummem großen Hut, dummem großen Mantel
und einem sehr dummen Tuch
Ich schaute in den Spiegel in einem Shop
Und sagte zu mir selbst: Stopp!!!
Ich ging sehr schnell und ging sehr weit
Merkte nichts mehr weit und breit
Bis alle schrien: Weg von den Schienen!
Da aß ich mein Käsebrot, dankte dem Glück
und ging nie mehr zur Arbeit zurück.

3. Cuthbertson, K., a.a.O., S. 48
4. Vater Hahn sind diese Mädchen wohl bekannt, denn er ist als Handelsreisender oft mit der Bahn unterwegs gewesen.

5. Im Jahre 1925 hatten Harold Ross, als Herausgeber, und Raoul Fleischmann, als Finanzier, die Zeitschrift The New Yorker gegründet. Sie war hauptsächlich für die Leser und die Werbung der Einwohner von Manhattan gedacht. Am 19. Februar 1925 erschien die erste Ausgabe dieses einzigartigen literarischen Magazins mit 15.000 Kopien, im August wurden jedoch nur noch 2.700 verkauft. Das schien das Ende zu sein, und Raoul Fleischmann wollte nicht länger Geld in eine verlorene Sache stecken. Aber Harold Ross glaubte an seine anspruchsvolle Zeitschrift, die dann auch nach einer Durststrecke ausreichend interessierte Abnehmer auf dem New Yorker Markt und eine kleine, überzeugte nationale Leserschaft fand.
6. Cuthbertson, K., «Nobody Said Not to Go», S. 71f

4. **Sehnsuchtsort Afrika**

1. Cuthbertson , K., «Nobody Said Not to Go», S. 77
2. Letters to Family, S. 22
3. Boma ist eine Stadt im Westen der Demokratischen Republik Kongo. Die Stadt liegt an der Nordseite des Flusses Kongo in der Provinz Kongo Central.
4. Map of the northeastern Democratic Republic of Congo / Created by Larry Harris
5. Pygmäen leben in den Regenwäldern Afrikas als Jäger und Sammler. Das auffälligste ist ihre geringe Körpergröße. Die Männer erreichen höchstens 1,55m und die Frauen bleiben unter 1,50m. Die Kleinwüchsigkeit ist ein erheblicher Vorteil, wenn es darum geht, im Dickicht des Regenwaldes schnell voranzukommen, Hungerzeiten zu überstehen und der Gefahr der Überhitzung zu trotzen.
6. Hahn, E., «Congo Solo», S. 87f
7.   *Oh, we are tired! Oh, we are tired!*
        Oh, Madam makes us work hard!
          Oh, it will be nice to rest!
8. Hahn, E., a.a.O., S. 213f
9. Die Rezensionen sind positiv, denn «Congo Solo» ist ein zeitgenössisches Reisebuch, unterhaltsam, informativ und außerdem von einer Frau geschrieben. Walter White, der für das literarische Journal Books arbeitet, bemerkt: Die Einzigartigkeit von Miss Hahns Buch ist Miss Hahn selbst. Sie ging nach Afrika und sah die Afrikaner weder als komische noch als andere Menschen an… stattdessen sah sie in ihnen menschliche Wesen, identifizierte sich vollständig mit ihnen, nahm teil an ihrem Leben, ihren Sorgen und Leiden mit derselben verstehenden Objektivität, mit der sie

über ihre Freunde in den Vereinigten Staaten geschrieben hätte,
10. Cuthbertson, K., a.a.O., S. 124
11. Cuthbertson, K., a.a.O., S. 128

5. Zwischenstation Japan
1. Durch Eddychan lernen die Schwestern gebildete Japaner kennen, und ihr erster Eindruck ist durchaus positiv.
2. Eddychan zeigt ihnen das Land der Kirschblüten und das Leben der normalen japanischen Bevölkerung.
6. Mickey in Shanghai
1. Zu den englischen, französischen und deutschen Geschäftsleuten, den Taipan, kamen seit den 1890ern Japaner, welche die billigen Arbeitskräfte nutzten und Industrien ansiedelten. Dann folgten tausende Weißrussen, Royalisten, die 1917 nach der bolschewistischen Revolution geflohen waren, und schließlich suchten auch deutsche und österreichische Juden auf der Flucht vor dem Naziregime hier einen sicheren Hafen. Weißrussen und Juden waren staatenlos und deshalb chinesischen Gesetzen und Gerichten unterworfen.
2. Grescoe, T., «Shanghai Grand», S. 105
3. Grescoe, T., a.a.O., S. 103
4. Fritz, der durch den Silberhandel sehr reich geworden war, ist ein Freund von Victor Sassoon und hat sein Büro über der Lobby im Cathay Hotel.
5. Ehefrauen der Taipan
6. Hahn, E., «Die chinesische Küche», S. 10, Speisen sind für den chinesischen Menschen nicht nur Nahrungsmittel und Genuss, jede Mahlzeit ist gleichzeitig Symbol für Gesundheit, Glück und Wohlstand. Der Gastgeber bestimmt ganz genau die Reihenfolge der Gerichte und ehrt mit der Auswahl der Speisen den Gast.
7. Hahn, E., «China to Me», S. 22

7. Sir Ellis Victor Sassoon
1. Grescoe, T., «Shanghai Grand», S. 211
2. Victor Sassoon gründete The Cathay Land Company, The Cathay Hotel Company und mindestens 50 andere Unternehmen. Zuweilen gehörten ihm 1.800 Grundstücke. Bis zum Jahre 1941 lebte Victor Sassoon in Shanghai. Der Chinesisch-Japanische Krieg zwang ihn, die Stadt zu verlassen. Nach der Kommunistischen Revolution 1949 verkaufte er all seine Eigentümer in China und verlegte den Hauptsitz der Firma auf die Bahamas – schon damals ein Steuerparadies. Ab der 50er Jahren lebte Victor Sassoon in seinem Haus an Cable Beach in Nassau.

3. 1 Fuß = 30,48 cm
4. Grescoe, T., a.a.O., S. 106
5. Letters to Family, S. 27
6. Grescoe, T., a.a.O., S. 211
7. Hahn, E., «China to Me», S. 28
8. Grescoe, T., a.a.O., S. 178
9. Pock-Marked Huang gehört der «Green Gang» an, einer alten Geheimgesellschaft, die zur wichtigsten Unterweltorganisation in Shanghai gehört. Huang selbst ist Anführer der Kriminellen und gleichzeitig der Mann, den die Verwaltung der Französischen Konzession zum Chef der chinesischen Detektive ernannt hat. Von allen dubiosen Geschäften, insbesondere dem Opiumhandel, erhält Huang einen Prozentsatz, Geld, das er in Vergnügungslokale investiert. Die westlichen Mächte lassen ihn gewähren, solange die wichtigsten Verbrechen aufgeklärt werden.
10. Grescoe, T., a.a.O., S. 180

8.   Shao Sinmay – ein chinesischer Intellektueller

1. Emily Hahn an Helen 1937
2. Der Begriff Sing-Song-Girls, auch «Shanghai Blumen» genannt, ist eine schon von Kindheit an dazu erzogene Frau, reiche männliche Gäste mit ihrer Gesellschaft, mit Gesängen und Tänzen in speziellen Sing-Song-Häusern zu unterhalten. Die Sing-Song-Girls unterscheiden sich klar von Prostituierten. Im Shanghai der 30er Jahre genießen chinesische Mädchen aus wohlhabenden Familien eine neue Freiheit, und sie verdienen sich nebenbei etwas Geld, indem sie für Werbeplakate posieren. Siehe See, L.,«Shanghai Girls».
3. Hahn, E., «Shanghai Magie», S. 45ff
4. 930 veröffentlichte Jean Cocteau (1889 – 1963) ein Tagebuch über seine Eindrücke während einer mehr als einjährigen Entziehungskur in einer französischen Klinik: «Opium – Journal d'une désintoxication» (Opium – Tagebuch einer Entziehungskur) [6]. Er beschreibt die Qualen und Leiden einer solchen Entwöhnung, die offensichtlich bei ihm erfolgreich war. Und dennoch trauert er anschließend dem Opiumgenuss als einem «verlorenen Paradies» nach und «dass es hart ist zu wissen, dass es einen fliegenden Teppich gibt und dass man nicht mehr auf ihm dahinfliegen wird». Besonders eindrucksvoll sind die von ihm im Text verstreuten Zeichnungen, die er selbst als «so etwas wie hingedehnte Schmerzensschreie» bezeichnet. Deutsche Apothekerzeitung 2003
5. Hahn, E., a.a.O., S. 52
6. Grescoe, T., «Shanghai Grand», S. 266

7. Die Dystophie ist eine Erzählung oder bildnerische Darstellung, welche ein negatives Zerrbild der zukünftigen Menschheit zeigt. Diese Zukunft ist von einer Gesellschaft geprägt, die sich zum Negativen entwickelt hat.

8. Pearl Sydenstricker Buck (1892-1973) wuchs seit ihrem dritten Lebensmonat als Tochter amerikanischer Missionare in China auf. Sie lernte als erste Sprache Chinesisch. Nachdem sie zu Hause von einem Privatlehrer unterrichtet worden war, besuchte sie ab ihrem 15. Lebensjahr eine Privatschule in Shanghai. Zum Studium kehrte sie von 1910 bis 1914 in die USA zurück. Von 1922-1932 lehrte Pearl. S. Buck als Professorin für englische Literatur an der Universität von Nanking. Hier begann ihre schriftstellerische Tätigkeit. Ihre ersten Romane handeln vom traditionellen Leben einfacher Menschen in China. «Ostwind-Westwind» erschien 1930 und «Die gute Erde» 1931 – dieser Roman wurde in mehr als 30 Sprachen übersetzt. Im Jahre 1938 erhielt Pearl. S. Buck den Nobelpreis für Literatur.

9. Mr. Pan wird ein literarischer Erfolg. Noch im Jahre 1942, während des 2. Weltkriegs, erscheint in der Ausgabe der New York Times vom 24. Mai, folgende Literaturkritik: Shanghai Bohemian; Mr. PAN. By Emily Hahn, 294pp, New York; Doubleday, Doran & Co., $2.50
To meet Mr. Pan will be for a great many readers one of the most delightfully distracting and certainly one of the least political reading experiences of this season. The main figure and theme of the twenty-eight charmingly written vignettes, he represents in his own individual manner and mannerisms a very special aspect of China and the Chinese.

10. Grescoe, T., a.a.O., S. 150

11. Der Schriftsteller Taras Grescoe suchte bei der Recherche für sein Buch Shanghai Grand das Grab der Eheleute Zau in Shanghai. Er fand auf der Rückseite des Grabsteins folgende Inschrift: Es ist ein Gedicht, das Sinmay 1930 geschrieben hat:

Who do you think I am?
Wer glaubt ihr, der ich bin?
A loafer, a miser obsessed with money, a scholar
Ein Müßiggänger, ein Geizhals, besessen von Geld, ein Gelehrter
Someone who wants to be a minister, or a die-hard hero?
Jemand, der ein Minister sein möchte oder ein starker Held?
You are wrong, you are totally wrong,
Ihr liegt falsch, vollkommen falsch,
I am a natural-born poet.
Ich bin ein geborener Poet.

12. Hahn, E., «China to Me», S. 58
13. Letters to Family, S. 29
14. Grescoe, T., a.a.O., S. 183f
15. Hahn, E., a.a.O., S. 43f
16. Hahn, E., a.a.O., S. 45
17. Cuthbertson, K., «Nobody Said Not to Go», S. 156

9. Mickey wird sesshaft

1. Hahn, E., «Around the World with Nellie Bly»
2. Hahn, E., «China to Me», S. 58
3. Grescoe, T., «Shanghai Grand», S. 160
4. Eine Rikscha zu ziehen kann entkräftend und grausam sein, und das Lebensalter eines Rikschakulis beträgt im Durchschnitt nur dreiundvierzig Jahre. Anderseits ernährt seine Arbeit laut Statistik eine Familie mit 4,23 Personen. Das Geschäft mit Rikschas ist im Shanghai der 30er Jahre ganz in chinesischer Hand und 340.000 Menschen leben davon. – Nach 1949 wurden in Shanghai keine Lizenzen mehr für Rikschas ausgegeben. Die letzte Rikscha kam ins Shanghai Museum.
5. Vicki Baum. Die Schriftstellerin wurde 1888 als Tochter einer jüdisch-bürgerlichen Familie in Wien geboren und starb 1960 in Hollywood. Sie war ausgebildete Musikerin und arbeitete ab 1926 als Redakteurin in Berlin. 1932 wanderte sie nach Hollywood aus, wo ihr Roman Menschen im Hotel verfilmt wurde. In Deutschland verfemten die Nazis ihre Bücher als «Asphaltliteratur»; sie fielen der großen Bücherverbrennung zum Opfer. Für ihre Romane und Kurzgeschichten wurde sie mehrfach ausgezeichnet.
6. Vicki Baum hat in ihrem Roman Hotel Shanghai (S. 351f) das karge Leben eines armen Rikschakulis aufgezeigt. Es ist eine genaue Darstellung des Milieus, in dem Mickey nun lebt.
7. Letters to Family, S. 29
8. Letters to Family, S. 29
9. Grescoe, T., a.a.O., S. 183f
10. Hahn, E., a.a.O., S. 41

10. Kleinwüchsige Banditen

1. Grescoe, T., «Shanghai Grand», S. 213
2. Grescoe, T., a.a.O., S. 214
3. Grescoe, T., a.a.O., S. 226
4. Grescoe, T. , a.a.O., S. 230

5. Grescoe, T., a.a.O., S. 230

6. Hahn, E., «China to Me», S. 56

7. Hahn, E., a.a.O., S. 56

8. Hahn, E., a.a.O., S. 57

9. Hahn, E., a.a.O., S. 55

10. Cuthbertson, K., a.a.O., S. 162

11. Grescoe, T:, a.a.O., S. 250

12. Grescoe, T:, a.a.O., S. 250

13. Hahn, E., «No Hurry To Get Home», S. 32

14. Pellets sind kleine Kügelchen Opium, die Abhängige mitnehmen, wenn sie unterwegs sind und keine Pfeife rauchen können; so vermeiden sie Entzugserscheinungen.

15. Hahn, E., a.a.O., S. 225

16. Ihre Menstruation bleibt aus, und ein Arzt hat ihr gesagt, dass sie wahrscheinlich nie Kinder haben wird.

17. Weiß ist die Farbe der Trauer.

18. Hahn, E:, «Shanghai Magie», S. 54ff

19. Innerhalb Europas, das erste von Gunthers «Inside»-Büchern. Von den vier Ausgaben dieses Titels wurden mehr als 2,7 Millionen Exemplare verkauft.

20. Hahn, E., a.a.O., S. 94

21. Ursula Tulloh, die schon mit zehn Jahren ihre Eltern verloren hat, ist eine unabhängige, selbständige Frau. Sie hat die Welt bereist, dabei Indien, China, Burma und Ceylon kennengelernt und in Singapur und Hongkong als Kindergartenerzieherin gearbeitet. Angeblich ist sie die hübscheste Frau in der Kronkolonie.

22. Skizze des Mexikaners Miguel Covarrubias, eines Freundes Mickeys.

23. Hahn, E., a.a.O., S. 91

24. Hahn, E., a.a.O., S. 92

25. Grescoe, T., a.a.O., S. 260

26. Edgar Snow (1905-19729) war ein amerikanischer Journalist, der dank seines Buches Roter Stern über China (1937) über seine Begegnungen mit Mao Zedong international bekannt wurde.

11. In Hongkong

1. Am 1. Juli 1997, nach 156 Jahren britischer Kolonialherrschaft, übernahm die Volksrepublik China die Souveränität und Kontrolle über Hongkong. Seitdem ist Hongkong eine Sonderverwaltungszone mit einem hohen Maß an Autonomie.

2. Hahn, E., «China to Me», S. 89

3. Wesleyan College/Georgia wurde am 23. Dezember 1836 als erstes College der Welt gegründet, an dem nur Frauen studieren dürfen. Im Frühjahr 1839 beginnen hier 90 junge Studentinnen ihre Ausbildung, die mit einem Diplom abschließt.
4. Grescoe, T., «Shanghai Grand», S. 257
5. Hahn, E., a.a.O., S. 115
6. Grescoe, T., a.a.O., S. 273
7. Zwischen 1939 und 1941 flogen die Japaner 268 Bombenangriffe auf Chongqing mit der Absicht, die Nationalisten zur Aufgabe zu zwingen. Wenn die Beobachter auf den Hügeln den Alarm zweimal auslösten, bedeutete das, Bomber sind im Anflug, sofort die Schutzräume aufsuchen! An schlechten Tagen konnte das bis zu einem halben Dutzend Mal geschehen.
8. Cuthbertson, K., «Nobody Said Not to Go», S. 179f
9. Hahn, E., a.a.O., S. 190

Still with me, ghost? Then for another hour
we'll stand beneath the sky, the iron shower.
One puff of smoke follows the insects flight,
one latest crash comes echoing from high –

The Germans took another town last night.
The Germans stand again on Flandern's mud,
and I am sick, captive and sick, and I
am powerless to choose my place to die.

I wander through the streets, torn bodies lie
sprawling: the gutters run with alien blood.

O ghost, stay with me yet awhile, I must
suffer before I join this Chinese dust:
Once more with face uplifted to the sky
must call for bombs and fire to cool my blood.

10. Cuthbertson, K., a.a.O., S. 187
11. Grescoe, T., a.a.O., S. 274
12. Hahn, E., a.a.O., S. 167
13. Grescoe T., a.a.O., S. 274
14. Hahn, E., a.a.O., S. 201

12. Emily Hahn und Charles Boxer

1. Cuthbertson, K., «Nobody Said Not to Go», S. 193
2. Cuthbertson, K., a.a.O., S. 211
3. Bordelle sind in Hongkong offiziell verboten.
4. Hahn, E., a.a.O., S. 215
5. Grescoe, T., a.a.O., S. 286
6. Letters to Family, S. 49
7. Die Schlacht um Hongkong war eine der ersten Schlachten des Pazifikkrieges und fand unmittelbar nach Kriegsbeginn im Dezember 1941 statt. Die zahlenmäßig überlegenen japanischen Truppen eroberten die britische Kronkolonie innerhalb von 18 Tagen. Am 25. Dezember 1941 wird die Kapitulation durch Gouverneur Mark Young im Peninsula Hotel Kowloon vollzogen. Der Widerstand kostete Hongkong 2.200-2.400 Soldaten der britischen Armee, 1362 wurden verwundet. 10.947 Briten, Schotten, Kanadier und Inder gingen in Kriegsgefangenschaft; es gab 4.000 tote Zivilisten. Während der dreieinhalb jährigen Besatzungsherrschaft sank die Bevölkerung von 1,6 Millionen auf 600.000. Die Mehrheit flüchtete per Boot oder über die grüne Grenze nach China. Zehntausende wurden als Zwangsarbeiter abtransportiert. Die japanische Besatzung Hongkongs endete 1945. Nach den Atombombenabwürfen auf Hiroshima und Nagasaki kapitulierte Japan am 15. August 1945. Damit wurde auch die britische Souveränität über Hongkong wiederhergestellt.
8. Cuthbertson, K., a.a.O., S. 233
9. Hahn, E., a.a.O., S. 330f
10. Hahn, E., a.a.O., S. 335
11. Ogura ist der Leiter der japanischen Nachrichtenagentur
12. Noma hat ihre Biografie über die Soong-Schwestern gelesen, die inzwischen ins Japanische übersetzt worden ist, und als Pflichtlektüre für alle Japaner im Auswärtigen Amt, für die Senioren der Armee und für die Kempeitai (Militärpolizei) gilt.
13. Hahn, E., a.a.O., S. 325
14. Kriegsgefangenenlager in Kowloon, hauptsächlich für Offiziere.
15. Hahn, E., a.a.O., S. 403f
16. Das «Ins-Gesicht-Schlagen» ist eine besonders demütigende Form der japanischen Bestrafung. Mickey kennt das schon aus Shanghai und Chongqing. In Shanghai schlägt ein Soldat einer englischen Lady ins Gesicht, weil sie angeblich die falsche Straßenseite auf der Garden Bridge benutzt. In Nanking wird ein amerikanischer Vizekonsul geschlagen, als er sein Büro betreten will. Auch in Peking werden Touristen andauernd

ins Gesicht geschlagen, besonders Angehörige aus nicht faschistischen Ländern. Da kann es auch schon mal vorkommen, dass die Japaner Fehler machen, weil sie Deutsche und Italiener nicht als solche erkennen.

17. Hahn, E., a.a.O., S. 391
18. Cuthbertson, K., a.a.O., S. 265
19. Cuthbertson, K., a.a.O., S. 269

13. Rückkehr nach Hause

1. Grescoe, T., «Shanghai Grand», S.306
2. Königliche kanadische berittene Polizei
3. Hahn, E.; «No Hurry to Get Home», S. 280
4. Grescoe, T., a.a.O., Fotos
5. Hahn, E., a.a.O., S. 285
6. Grescoe, T., a.a.O., S. 310

LIBERATED BRITISH PRISONERS TODAY TOLD HOW THEY SHUT THEIR EYES AND SOBBED WHEN A JAPANESE FIRING SQUAD RUTHLESSLY EXECUTED AN AMERICAN AIRMAN.--- MAJOR CHARLES BOXER OF DORSET ENGLAND WHO PLANS TO RETURN TO THE US AND MARRY MANHATTAN WRITER EMILY HAHN AS SOON AS POSSIBLE-TOLD THE STORY. DEAREST MICKY AWFULLY GLAD ABOUT YOUR GOOD NEWS. WISHING AND HOPING FERVENTLY THAT EVEN THE HAP-PIEST MARRIAGE WONT MAKE AN HONEST WOMAN OUT OF YOU.

7. Cuthbertson, K., «Nobody Said Not to Go»; S. 295

14. Familie Charles Boxer

1. Kendo ist eine abgewandelte, moderne Art des ursprünglichen japanischen Schwertkampfs, wie ihn Samurai erlernten und lebten. Kendo als Weg verfolgt nicht nur die Techniken und Taktiken des Schwertkampfs, sondern auch die geistige Ausbildung des Menschen.
2. Cuthbertson, K., «Nobody Said Not to Go», S. 299
3. Cuthbertson, K., a.a.O., S. 3074.   Hahn, E., «England to Me», S. 22
5. Der Corgi ist ein kleiner walisischer Hütehund. Sein Wesen ist freundlich, kontaktfreudig, verspielt und beschützend.
6. Cuthbertson, K., a.a.O., S. 307
7. Hahn, E., a.a.O., S. 33
8. Hahn, E., a.a.O., S. 43
9. Cuthbertson, K., a.a.O., S. 311

15. Das Leben danach

1. Cuthbertson, K., «No Hurry to get Home» S. 208ff
2. Pferdehändler
3. Grescoe, T., «Shanghai Grand», S. 316f
4. Grescoe, T., a.a.O., S. 317
5. Diese Organisation ist bis heute einer der angesehensten Wohltätig-keitsverbände auf den Bahamas. 97% der Spenden kommen direkt den Patienten zugute.
6. Grescoe, T., a.a.O., S. 348ff
7. Grescoe, T., a.a.O., S. 347f
8. Wind Blowing

> *Wind blowing, wind blowing, looking for a fight*
> *Looking for a barrier all through the night,*
> *Nothing left to blow against, nothing left to bite!*

> *I can see everything, all around the earth;*
> *Red sun dying, gold sun's birth;*
> *Wind blowing frantically, scouring the earth.*
> *Nothing, nothing anywhere, day and night and day;*
> *Wind blew everywhere, blew it all away.*
> *Nothing, nothing anywhere, night and day and night,*
> *Poor wind blowing, looking for a fight,*
> *Nothing left to blow against, nothing left to bite!*

9. Professor James Cummins, geboren 1949, ist ein langjähriger Freund von Charles und Mickey noch aus den Zeiten in Conygar. Er arbeitete als Professor am Ontario Institute for Studies in Education of the University of Toronto. Die Autorin hat im Rahmen ihres Studiums seine Vorlesungen besucht.

Nachwort

Unser Leben währet siebzig Jahre,
und wenn es hoch kommt,
so sind es achtzig Jahre,
und wenn es köstlich gewesen ist,
so ist es Mühe und Arbeit gewesen…

Psalm 90:10 Lutherbibel

Die Arbeit an diesem Buch hat mir besondere Freude bereitet, da ich während der Recherche die unterschiedlichsten Menschen kennenlernen konnte. Die Protagonisten fesselten mich, und ich reiste mit ihnen in fremde Kontinente, folgte ihren Interessen und ihrem Lebensweg. Gleichzeitig vergegenwärtigte ich mir immer wieder die geschichtlichen Ereignisse des 20. Jahrhunderts, das größtenteils ja auch mein Jahrhundert war.

Und nicht nur Bücher haben mich auf diesem Weg informiert und begeistert, sondern auch das Interesse und die Unterstützung von Familie und Freunden; sie machten mir das Schreiben leicht. Wie stets hat meine Jugendfreundin, die Germanistin Dr. Heike Doane, von Amerika aus den Schreibprozess begleitet. Oft habe ich bei ihren Anmerkungen und Verbesserungsvorschlägen geschmunzelt und sie anschließend fast alle beherzigt. Mein Mann, Heinz Otto Döringer, und meine Freundin, Brigitte Schutzmann, lasen schrittweise Korrektur und waren jederzeit bereit, mir zuzuhören und mit mir zu diskutieren. Frau Beate Horlemann sei besonderer Dank, sie hatte als Lektorin das letzte Wort. Damit das Manuskript auch eine schöne

Form erhielt, brachte die Grafikdesignerin Christina Eretier ihre Expertise ein und bereitete auch den Text für den Druck bei *Books on Demand* vor. So ist das Buch letztendlich ein Gemeinschaftswerk geworden, und ich danke allen, die dazu beigetragen haben, für ihre selbstlose Hilfe und Freundschaft.

Bücher lassen uns reisen
Quellenverzeichnis

I. Bücher in deutscher Sprache

Baum, Vicky «Hotel Shanghai» (1939)
KiWi Verlag, Köln, Deutschland, 2017
Alfred Scherz Verlag, Bern, Schweiz, 1941
Buck, P. S., «Land der Hoffnung»
Bertelsmann R. Mohn OHG, Stuttgart, Deutschland
Danyan, Ch. «Der Shanghaier Bund: Aufstieg, Fall und Wiedergeburt»
Horlemann Verlag, Deutschland
Hahn, E. «Chinas drei große Schwestern»
Alfred Scherz Verlag, Bern, Schweiz, 1941
Hahn, E. «Shanghai Magie»
edition ebersbach, Deutschland
Hahn, E. «Die chinesische Küche»
Time-Life International, Holland, 1969
Hornfeck, S. «Ina aus China»
Reihe Hanser, dtv, München, Deutschland, 2007
Krechel, U. «Shanghai fern von wo»
btb Verlag, Deutschland, 2010
Sternberg, J. v. «Ich – Joseph von Sternberg – Erinnerungen»
Friedrich Verlag, Velber, Deutschland, 1967
Tan, A. «Das Kurtisanenhaus»
Verlag Goldmann, Deutschland
Yu-Dembski D. in «Shanghai Magie» (Vorwort)

II. Bücher in englischer Sprache

Chao Sun, I. & Chao C. «Remembering Shanghai»
Plum Brook, Honolulu, Hawaii, 2018
Cuthbertson, K. «Nobody said *Not* to go»
Faber & Faber, Inc., New York, USA, 1998
Foster Snow, H. «My China Years»
William Morrow & Comp., New York, USA, 1984
French, P. «City of Devils – A Shanghai Noir»
riverrun, Quersus Editions, Ltd., London, Great Britain, 2018
Grescoe, T. «Grand Shanghai», St. Martin's Press, New York, USA, 2016

Hahn, E. «The Soong Sisters», 1941
Open Road Integrated Media, New York, USA, 2014
Hahn, E. «China to Me» (1944)
Open Road, Integrated Media, New York, USA,
Hahn, E. «Raffles of Singapore»
S. Sidders & Son, London, Great Britain, 1948
Hahn, E., «England to Me»
Jonathan Cape, Thirty Bedford Square, London, Great Britain, 1950
Hahn, E., «Kissing Cousins»
Doubleday & Company, New York, 1958
Hahn, E., «EVE & THE APES»
Weidenfeld & Nicolson, New York, USA, 1988
Hahn, E., «Hong Kong Holidays», Kindle
Hahn, E., «Look Who Is Talking»
Thomas Y. Crowell Publishers, New York, USA, 1978
Hahn, E. «Mr. Pan: A Memoir», Kindle
Hahn, E.,«NO HURRY TO GET HOME»
(1937-1970 in *The New Yorker*»)
«Love Mickey-Letters to Family from Emily Hahn»
Lilly Library, Indiana University, USA, 2005
See, L., «SHANGHAI GIRLS»
Random House, New York, USA, 2009
See, L. «DREAMS of JOY»
Random House, New York, USA, 2012

III.Bücher in französischer Sprache

Cocteau, J. «Opium», (1930)
Editions Stock, 1999

IV. Medien

Film: Shanghai Express mit Marlene Dietrich / Joseph von Sternberg
Film: John Rabe / Florian Gallenberger, 2009
Film: City of Life and Death / Lu Chuan 2009

Autorenportrait

Heide-Renate Döringer, Dr. phil., ist promovierte Linguistin und Poesiepädagogin. Sie unterrichtete während vieler Jahre Deutsch und Englisch an der Frankfurt International School in Oberursel am Taunus. Die Begegnung mit Menschen verschiedener Nationalität hat sie stets fasziniert und dazu inspiriert, die Welt zu erkunden. Ihre Familie in Hongkong und ein Gastsemester als Dozentin an der Fremdsprachenuniversität in Xi'an/China im Jahre 2008 boten ihr Gelegenheit, die Menschen, die Kultur und die Geschichte des faszinierenden Landes näher kennenzulernen.

Veröffentlichungen zu diesem Thema:

«Der Himmel liebt Menschen, die gerne essen»
Eine kulinarische Reise durch China mit Gerichten und ihren Geschichten, Horlemann Verlag, 2008

«Himmlische Mächte und Irdische Feste»
Durch das Mondjahr mit Mythen, Märchen und Legenden, Horlemann Verlag, 2011

«Seide» Gesponnene Geschichten entlang der Seidenstraße BoD Norderstedt, 2013

«Chinesische Drachen» Mythen-Märchen-Legenden aus dem Reich der Mitte, BoD Norderstedt, 2015

«Der erste Kaiser von China»
Mythen-Märchen und Legenden um den sagenumwobenen
Qin Shihuangdi, BoD Norderstedt, 2016

«CIXI Die letzte Herrscherin auf dem chinesischen Drachenthron»
Lebensbild einer außergewöhnlichen Frau, BoD Norderstedt 2018

«WU ZETIAN – Der einzige weibliche Kaiser auf dem Drachenthron»,
Edition Pauer, Kelkheim, 2020